초등쌤이 알려주는 슝의주도

용돈의 비밀

1판 1쇄 펴낸 날   2024년 2월 22일
1판 3쇄 펴낸 날   2025년 8월 8일

지은이	이상진
그린이	한규원(필움)
디자인	최한나

펴낸이	박현미
펴낸곳	(주)이북스미디어
출판등록	2022년 4월 25일(제2022-000038호)
주소	서울시 용산구 임정로 11길 4
전화	031-949-9055
팩스	0505-903-5003
전자우편	admin@yibooks.co.kr

ⓒ 이상진·한규원(필움), 2024
ISBN 979-11-983547-5-4 74710
       979-11-979285-8-1 (세트)

- 이 책은 저작권법에 의해 보호를 받으며 본사의 허락없이 복제 및 스캔 등을 이용해 무단으로 배포할 수 없습니다. 책의 내용을 재사용하려면 반드시 동의를 구해야 합니다.
- 잘못된 책은 구매처에서 교환해 드립니다.
- 책값은 뒤표지에 표시되어 있습니다.

초등쌤이 알려주는 용의주도

용돈의 비밀

이북스
미디어

> 작가의 말

    2020년 전 세계에 코로나 바이러스가 창궐하고 많은 사람들이 혼란에 빠졌어요. 사람과 사람 사이의 만남이 줄어드니 가게나 상점들이 문을 닫기 시작했고, 결국 세계 경제는 큰 위기를 맞이했습니다. 하지만 코로나 때문에 모두가 위기를 맞이한 것은 아니에요. 오히려 세계의 부자들은 이 시기에 더 많은 돈을 벌 수 있었죠. 코로나라는 무시무시한 전염병이 찾아왔는데도 누군가는 돈을 벌고 반대로 누군가는 돈을 잃게 되었습니다. 왜 이런 일이 벌어졌을까요?

    우리가 살아가는 사회에서 '돈'은 매우 중요해요. 대부분 학생은 아직 돈을 벌 수 있는 나이가 되지 않았기 때문에 돈에 대해서 잘 모르고 살아가고 있죠. 하지만 어른뿐만 아니라 학생들도 돈에 대해서 꼭 알아야 합니다. 지금 우리 주위를 둘러싼 많은 일들이 돈과 관련돼 있기 때문이죠.

이 책은 초등학생이라면 꼭 알아야 하는 돈과 관련된 이야기를 초성 퀴즈와 네 컷 만화로 쉽고 재미있게 설명합니다. 가장 기초적인 경제 상식부터 주식, 복권, 연금까지 자본주의 시대에서 꼭 필요한 중요한 경제 개념을 다루었습니다. '경제는 어렵다'라는 생각을 벗어나 우리 주변에서 만날 수 있는 다양한 사례를 통해서 경제와 관련된 이야기를 쉽고 재미있게 익힐 수 있습니다. 또 경제에 대한 눈을 넓히고 세상을 새로운 시각으로 바라보면서 자기 생각을 더욱 확장할 수 있습니다.

모두에게 너무나도 중요한 '돈', 하지만 많은 사람들이 잘 알지 못하는 '돈'의 비밀을 이 책을 통해서 새롭게 알아가면서 앞으로의 많은 선택의 순간에 조금이라도 더 올바른 선택을 할 수 있기를 바랍니다.

— 작가 이상진, 한규원

차례

1장 경제가 뭐예요?

1. 돈을 이용한 모든 활동 **경제 활동** ········· 014
2. 만질 수 있는 **재화**와 만질 수 없는 **서비스** ········· 018
3. 물건의 가치를 돈으로 나타내면? **가격** ········· 022
4. 물건을 사거나 팔려는 것은? **수요와 공급** ········· 026
5. 우리에게 필요한 것을 만들어요 **생산** ········· 030
6. 내가 가진 것을 사용해요 **소비** ········· 034
7. **시장**에 가면 호떡도 있고, 내복도 있고~! ········· 038
8. 포기한 것의 대가 **기회 비용** ········· 042

2장 저도 용돈 주세요!

1. 경제 활동의 대가 **소득** ········· 048
2. 돈의 또 다른 이름 **화폐** ········· 052
3. 우리나라의 화폐 단위 **원화** ········· 056
4. 구리로 만든 동그란 돈 **동전** ········· 060
5. 종이로 만든 돈 **지폐** ········· 064
6. 돈을 저장해 둔 플라스틱 **카드** ········· 068
7. 내가 원하는 숫자로 만든 돈 **수표** ········· 072
8. 특별한 곳에서만 쓸 수 있는 돈 **상품권** ········· 076

3장 돈을 어디에 보관하지?

1. 대표적인 금융 기관 **은행** ········· 082
2. 돈을 모아요 **저축** ········· 086
3. 은행 거래를 위한 첫걸음 **통장** ········· 090

④ 돈을 빌리는 비용 **이자** ································· 094
⑤ 은행에 돈을 맡겨요 **예금** ······························ 098
⑥ 거래할 수 있는 믿음 **신용** ···························· 102
⑦ 돈을 빌려줘요 **대출** ····································· 106
⑧ 조금씩 모아서 위기를 대비하자 **보험** ············· 110

4장 용돈으로 또 뭐하지?

① 이익을 위해 시간과 돈을 쓰는 것 **투자** ············ 116
② 회사를 만들어요 **창업** ·································· 120
③ 회사에 대한 권리 **주식** ································· 124
④ 회사의 빚 문서 **채권** ···································· 128
⑤ 다른 사람들과 돈을 모아요 **펀드** ··················· 132
⑥ 움직일 수 없는 재산 **부동산** ························· 136
⑦ 빌려서 사용하는 것 **임대** ····························· 140
⑧ 구입할 수 있는 권리 **청약** ···························· 144

5장 돈이 변해요!

① 전체적인 물건의 가격 **물가** ··························· 150
② 물가가 상승해요 **인플레이션** ························· 154
③ 나라와 나라 사이의 거래 **무역** ······················ 158
④ 미국 돈의 이름 **달러** ···································· 162
⑤ 돈과 돈의 교환 비율 **환율** ···························· 166
⑥ 나라에 내는 돈 **세금** ···································· 170
⑦ 추첨을 통해 상금을 준다 **복권** ······················ 174
⑧ 돈을 벌 수 없을 때 받는 **연금** ······················· 178

등장인물

열심히 도넛을 생산 중인
코끼리 사장님

수표로 점심 사주는
고양이 선생님

신용이 조금 낮은
다람쥐

뭐든 열심히 파는
물개

카드 사용법을 알려준
삐딱곰 엄마

행복한 카페를
창업하고 싶은 삐딱곰

미래를 위해
소비와 예금 중인 토끼

찍찍 회사의 대표 찌기

주주들 덕분에 번창 중인
솜사탕 가게 유니콘 사장님

물가 때문에 꽃 값을 올린
꽃 가게 사슴 사장님

거북이와 무역 중인
오댕이

육지 꽃을 사랑하는
거북이

마을 지렁이에서 퇴직하는
코끼리 할아버지

달러를 환전하는
독수리 삼촌

1장
경제가 뭐예요?

경제가 뭐예요? ①

돈을 이용한 모든 활동, ㄱ ㅈ 활동

① 경주   ② 계좌   ③ 경제

나도 경제 활동을 하고 있다고!

할아버지께 용돈을 받았어요. 판묵이는 50,000원을 받았는데 이번에 초등학교를 졸업하는 누나는 중학교 입학 선물로 10만 원을 받았어요. 나이가 어리다고 누나보다 용돈을 적게 받은 판묵이는 속상했어요. 왜 누나는 나이가 많다고 돈을 많이 받을까요? 또 왜 우리는 돈이 적으면 속상하다고 생각할까요?

우리가 받은 용돈에는 비밀이 숨겨져 있어요. 용돈을 받으면 다양한 것을 할 수 있죠. 떡볶이도 사먹을 수 있고, 원하는 장난감도 살 수 있어요. 종이 몇 장처럼 생긴 지폐를 이용해서 다양한 물건으로 바꿀 수 있어요. 이처럼 '돈'이 가지고 있는 힘이 대단하기 때문에 사람들은 돈에 관심이 매우 많습니다. 돈이 있으면 원하는 것들을 사거나 먹을 수 있지만 돈이 없다면 내가 원하는 것을 누릴 수 없어요. 그래서 사람들은 돈을 조금이라도 더 얻기 위해 열심히 일을 합니다. 우리가 용돈을 조금이라도 더 얻기 위해 숙제를 열심히 하거나 집안일을 돕는 것처럼 말이죠. 또 판묵이의 누나처럼 나이가 많아지면 소비의 폭도 넓어져서 용돈을 더 많이 받곤 합니다.

　이처럼 원하는 것을 사거나 먹고, 또 내가 만든 물건을 다른 사람에게 파는 것처럼 돈과 관련한 모든 활동을 '경제 활동'이라고 해요. 여러분이 용돈을 받는 것도, 받은 용돈으로 사고 싶은 것을 사는 것도 다 경제 활동이에요. 경제 활동을 할 때 돈은 매우 중요한 역할을 합니다. 돈이 부족하면 경제 활동을 할 수가 없기 때문이죠. 경제는 어른부터 학생까지 모두에게 중요한 이야기입니다. 하지만 이렇게 중요한 경제를 잘 모른다면 실수하거나 좋은 기회를 놓칠 수 있어요. 따라서 어릴 때부터 경제에 대해 공부하고 생각하는 습관을 기르는 것은 매우 중요합니다.

✿ 경제란 말은 어디에서 나왔을까?

경제라는 단어는 어디서 유래되었을까? 경제는 세상을 경영하여 백성을 구한다는 의미의 한자인 '경세제민(經世濟民)'이라는 단어를 줄여서 사용하였다. 영어 단어인 '이코노미(economy)'도 원래는 그리스 말로 '집안 살림하는 사람'이라는 말에서 유래되었다.

경제가 뭐예요? ②

만질 수 있는 ㅈㅎ 와
만질 수 없는 ㅅㅂㅅ

① 재화와 서비스   ② 조화와 상반신   ③ 전화와 수비수

재화와 서비스

내가 받은 생일 선물은 무엇이지?

오늘은 이찬이의 생일이에요. 들뜬 마음으로 부모님과 함께 백화점에 도착했어요. 멋진 옷 한 벌과 갖고 싶던 게임기를 샀어요. 맛있는 저녁을 먹고 가족들과 함께 영화도 보았습니다. 이찬이는 오늘 정말 즐거웠어요. 친구들이 생일 선물로 받은 것들을 보여달라고 하는데 이찬이는 고민에 빠졌어요. 옷이랑 게임기는 가지고 있어서 보여줄 수 있는데 재미있게 본 영화는 어떻게 보여주죠?

우리가 살아가면서 필요한 물건을 사거나 팔고, 만들고 나누는 모든 활동을 경제 활동이라고 해요. 경제 활동을 하면서 사거나 파는 모든 것을 재화, 혹은 서비스라고 합니다. 책, 장난감, 인형, 학용품, 음식, 휴대 전화 등 우리가 보거나 만질 수 있는 것을 재화라고 해요. 이찬이의 생일 선물 중에서 옷과 게임기, 그리고 맛있게 먹은 저녁이 재화에 해당하죠. 반대로 영화를 보거나, 택시를 타거나, 병원에서 치료를 받는 등 만질 수는 없지만 사거나 파는 것을 서비스라고 합니다. 이찬이와 가족들은 영화를 보기 위해 돈을 냈지만, 영화 보는 것을 만질 수는 없어요.

우리 주변에서 한 번 찾아볼까요? 마트에서 파는 아이스크림, 문구점에서 파는 연필과 지우개, 아빠가 운전하는 자동차, 엄마의 휴대 전화, 맛있는 햄버거 등 이런 것들은 모두 재화라고 해요. 의사가 환자를 치료하거나 교사가 공부를 가르치는 행위 등은 서비스라고 합니다.

재화는 돈을 내고 사용하는지에 따라 자유재와 경제재로 나누어요. 햇빛, 흙, 물, 공기 등은 누구나 돈을 내지 않고도 사용할 수 있는 자유재예요. 반면 자동차, 휴대 전화, 케이크, 연필은 우리가 원한다고 마음대로 가져가거나 사용할 수 없죠. 이처럼 돈을 내고 사용하는 재화를 경제재라고 합니다.

물은 자유재일까? 경제재일까?

바다에서 수영하거나 계곡에서 물놀이할 때 물을 사용한다고 돈을 내지 않는다. 이때 물은 자유재라고 할 수 있다. 하지만 사람들이 마시는 물은 보통 마트에서 생수로 팔거나 정수기를 구입해서 마셔야 하므로 경제재라고 해야 한다. 하지만 예전에는 물을 따로 사지 않고도 마실 수가 있었다. 같은 마시는 물이지만 예전의 물은 자유재로 볼 수 있다.

경제가 뭐예요? 3

물건의 가치를 돈으로 나타내면? ㄱㄱ

① 가게　② 가격　③ 고가

이거 얼마예요?

　누군가 치킨 한 마리와 스마트폰을 바꾸자고 하면 바꾸는 사람이 있을까요? 반대로 치킨 한 마리와 작은 사탕 한 개를 바꾸자고 해도 곤란하죠. 물건의 가치를 정확하게 표현할 수 없다면 굉장히 불편했을 거예요. 그래서 사람들은 물건의 가치를 돈으로 나타내기 시작했어요. 이렇게 물건의 가치를 돈으로 나타낸 것이 바로 '가격'입니다.

　가격 덕분에 우리는 쉽게 물건의 가치를 확인할 수 있어요. 인터넷에서 사려는 물건을 검색할 때나 가게나 식당에서 구매하려는 상품을 찾아보면 1,000원, 5,000원처럼 가격을 적어 놓죠. 적힌 가격이 그 물건의 가치가 되는 것입니다. 예를 들어 햄버거의 가격이 6,000원이고 피자의 가격이 20,000원이라면 피자 한 판의 가치가 햄버거 한 개의 가치보다 크다고 말할 수 있습니다. 이렇게 가격은 사람들이 보통 그 물건의 가치를 얼마로 생각하는지 쉽게 알려주는 역할을 해요.

그렇다면 가격은 보통 어떻게 결정될까요? 우리가 치킨 한 마리를 먹기 위해선 다양한 사람의 노력이 들어가요. 가장 먼저 닭을 키우는 사람의 노력이 들어갑니다. 또 닭을 치킨집까지 배달해 주는 사람의 노력도 들어가요. 치킨집에서 맛있게 튀긴 치킨을 집까지 배달해 줄 사람도 필요하죠. 그렇게 사람들의 노동이 가격에 포함되게 됩니다. 이렇게 정해진 가격은 사람들의 반응에 따라 올라가기도 하고 내려가기도 해요. 사람들이 치킨을 먹고 싶은데 치킨이 부족하면 가격이 올라가기도 하고요. 반대로 치킨을 팔려는 가게는 많은데 먹으려고 하는 사람이 적으면 가격은 자연스럽게 떨어지게 됩니다.

✿ 같은 물건이어도 가격이 다른 이유

인터넷을 검색해 보면 분명히 같은 물건인데 가격이 다른 경우가 있다. 그 비밀은 바로 이익에 숨겨져 있다. 가격에서 이 물건을 판매하는데 들어가는 비용을 제외한 만큼을 이익이라고 하는데 이익을 어떻게 취하는지에 따라 차이가 있다. 예를 들어 같은 음료수라도 인터넷에서는 판매할 장소가 필요하지 않아 싼 가격에 팔아도 이익을 남길 수 있다. 그래서 일반 가게보다 저렴한 경우가 많다.

경제가 뭐예요? ④
물건을 사거나 팔려는 것은?
ㅅㅇ와 ㄱㄱ

① 사업과 가격　② 수요와 공급　③ 소유와 가게

물고을 사기가 빠르다는 것은? 수요와 공급

경제 ② 수요와 공급

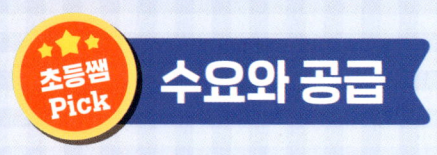

사고 싶어요! '수요' vs 팔고 싶어요! '공급'

혹시 포켓몬 띠부띠부씰을 가지고 있는 친구들 있나요? 포켓몬 빵을 사면 봉투 안에 포켓몬 스티커가 들어 있어서 많은 친구가 이것을 모으기 위해 포켓몬 빵을 사려고 찾아다녔죠. 하지만 막상 포켓몬 빵을 사려고 마트나 편의점에 가면 이미 누군가가 빵을 사갔어요. 어떤 사람들은 포켓몬 빵을 사기 위해 새벽부터 편의점 앞에 기다리고 있었죠.

그런데 이 포켓몬 빵 이야기 속에는 아주 중요한 비밀이 숨겨져 있어요. 바로 '수요와 공급'이에요. 사람들이 포켓몬 빵을 사려고 기다리고 찾아다니는 것을 '수요'라고 해요. 물건을 사려고 하는 것이죠. 반대로 포켓몬 빵을 공장에서 만들어서 마트나 편의점에 파는 것을 '공급'이라고 해요. 사람들이 좋아할 만한 물건이나 인기 있는 제품들을 만들어서 파는 것을 의미하죠.

다른 이야기로 알아볼까요? 교실에서 빙고를 하고 있다고 생각해 보세요. 세 줄 빙고를 가장 먼저 완성하는 학생에게 선생님이 마이쮸를 주려고 합니다. 반 친구들 모두 마이쮸를 얻기 위해 열심히 빙고 판을 만들고 있어요. 여기서 수요와 공급을 찾아볼까요? 반 친구들이 마이쮸를 먹고 싶어 하는 것은 '수요', 선생님이 준비한 마이쮸는 '공급'이라고 합니다.

수요와 공급은 우리 주변에 어디서든 볼 수 있어요. 이렇게 어떤 물건이나 서비스를 사려고 하는 사람들은 '수요'라는 단어 뒤에 사람을 뜻하는 단어인 '자'를 붙여서 수요자라고 해요. 반대로 수요자들에게 원하는 물건을 팔거나 주려고 하는 사람들을 '공급'이라는 단어에 '자'를 붙여서 공급자라고 해요. 우리 주변을 둘러보면서 '수요'와 '공급'을 찾아볼까요?

포켓몬 빵은 왜 난리였을까?

그렇다면 포켓몬 빵은 왜 그렇게 구하기 어려웠을까? 사려는 사람들이 엄청 많았던 '수요'는 높았지만 반대로 포켓몬 빵을 만드는 회사에서 '공급'은 부족했기 때문이다. 조금밖에 만들지 않는 포켓몬 빵을 너무 많은 사람이 사려고 하다 보니 포켓몬 빵을 구하기가 어려웠다. 수요에 따라 공급을 늘리지 않는 것도 일종의 마케팅으로 활용되고 있다.

경제가 뭐예요? 5

우리에게 필요한 것을 만들어요

① 생성　② 생산　③ 생선

뚝딱뚝딱 필요한 물건을 만들어볼까요?

도은이는 빵을 좋아해요. 달콤한 버터의 향과 폭신폭신한 느낌이 먹는 순간 도은이를 행복하게 만들어주기 때문이죠. 그런데 도은이가 좋아하는 빵은 어떻게 만들어지는 걸까요? 빵을 만들기 위해서는 먼저 밀을 재배해야 해요. 농부가 열심히 밀을 재배하겠죠. 이렇게 재배된 밀을 공장에서 다시 밀가루로 가공합니다. 공장에서 가공된 밀가루는 다시 우리 동네에 있는 빵집에서 버터와 다양한 재료를 추가하여 맛있는 빵으로 만들어 냅니다.

우리가 먹고 싶은 음식이나 가지고 싶은 물건은 마법처럼 '짠' 하고 나타나지 않아요. 열심히 만드는 누군가가 있기 때문에 우리가 먹거나 사용할 수 있게 되는 것이죠. 이처럼 우리가 살아가는 데 필요한 재화와 서비스를 만드는 일을 '생산'이라고 합니다. 쌀, 휴대 전화, 자동차 등과 같은 재화뿐만 아니라 게임을 하거나, 음식이나 물건을 배달해주는 것처럼 서비스를 만드는 것도 다 생산이라고 합니다. 농부가 밀을 재배하는 것도, 공장에서 밀가루로 가공하는 것도, 빵집에서 다시 빵으로 만들어지는 것도 다 생산에 해당하죠. 이처럼 어떤 물건이나 서비스를 만드는 사람들을 '생산자'라고 합니다. 그리고 이렇게 생산 활동을 통해서 만들어지는 물건이나 서비스의 양을 '생산량'이라고 해요. 생산은 경제에서 아주 중요해요. 생산을 하는 사람들이 없으면 우리가 필요한 물건이나 서비스를 모두 직접 만들어야 하기 때문이죠. 만약 아무도 생산 활동을 하지 않으면 지금처럼 쉽게 물건이나 음식을 구할 수 없을 거예요. 또 나라의 경제 수준을 파악하기 위해서 한 해 동안 그 나라에서 생산된 재화나 서비스의 총량을 이용하기도 합니다. 이렇게 생산은 우리 경제에서 아주 중요한 역할을 차지하고 있어요.

환경을 생각하는 생산

다양한 제품을 생산하는 것은 우리 경제에서 아주 중요하다. 하지만 물건을 많이 생산하는 만큼 버려지는 쓰레기의 양도 같이 늘어나면서 환경 문제도 심각하다. 그래서 요즘에는 버려지는 플라스틱을 재활용해서 물건을 생산하는 사람들이 많아지고 있다. 버려진 플라스틱으로 다시 옷을 만들거나 빨대가 필요하지 않은 컵을 생산하는 것도 환경을 생각하는 생산 중 하나이다.

경제가 뭐예요? 6
내가 가진 것을 사용해요
 ㅅ ㅂ

① 소비 ② 수박 ③ 소분

내 용돈으로 무엇을 할까?

　오늘은 용돈을 받는 날이에요. 매주 부모님께 5,000원을 받는 아린이는 오늘도 용돈을 받자마자 문구점으로 달려갔어요. 연필도 하나 고르고, 맛있는 사탕도 하나 골랐어요. 학교에서 사용할 예쁜 캐릭터가 그려진 공책도 한 권 사고 나왔어요. 여러분은 용돈을 받으면 주로 무엇을 사는 데 쓰나요? 용돈을 받아서 필요한 물건을 사거나 원하는 서비스를 위해 돈을 사용하는 것을 '소비'라고 해요. 아린이가 연필이랑 사탕을 사는 것도 소비라고 하죠. 부모님이랑 같이 맛있는 고기를 먹고 돈을 내는 것도, 병원에서 치료받은 뒤 돈을 내는 것도 다 소비라고 합니다. 이렇게 소비를 하는 사람들을 모두 '소비자'라고 부릅니다.

　우리는 살다보면 사고 싶은 것들이 너무 많아요. 하지만 우리가 가지고 있는 돈은 정해져 있기 때문에 원하는 모든 것을 살 수는 없어요. 소비하기 전에 충분히 고민하지 않으면 정작 필요한 물건을 사지 못할 수도 있죠. 그래서 우리는 똑똑한 소비를 해야 합니다. 똑똑한 소비를 하려면 어떻게 해야 할까요? 먼저 필요한 만큼

만 사야 해요. 욕심을 부려서 내가 쓰지도 않거나 먹지도 않을 것들에 소비해서는 안 돼요. 또 미리 계획하고 사야 해요. 나한테 이미 있는 물건인데 갑자기 너무 예뻐보여서 사거나 친구들이 샀다고 해서 따라 사는 것은 옳지 않아요. 충분히 계획을 세우고 부모님과 상의한 후 소비하는 것이 똑똑한 소비예요. 똑똑한 소비는 개인뿐만 아니라 나라 경제에도 큰 도움을 줘요. 우리가 소비하게 되면 기업은 돈을 벌게 되고, 번 돈으로 세금을 내고 일자리를 만들어요. 많은 사람이 회사에 취직하게 되고, 다시 소비하면서 경제가 발전하게 되죠.

똑똑한 소비를 위한 용돈 기입장

똑똑한 소비를 하기 위해선 용돈 기입장을 작성해야 한다. 용돈 기입장을 작성할 때는 구체적으로 작성해야 하고, 그때그때 바로 작성하는 것이 좋다. 나중에 기록하면 돈을 어디에 사용했는지 잊어버릴 수 있고, 사용한 내역을 누락할 수도 있기 때문에 가급적이면 빨리 작성하는 것이 좋다. 일주일이나 한 달에 한 번씩 용돈 기입장을 다시 보면서 나의 소비가 정말 필요했는지 아닌지 스스로 평가해보는 것도 좋은 소비 습관을 만드는 방법이다.

경제가 뭐예요? 7
ㅅㅈ에 가면,
호떡도 있고 내복도 있고~!

① 수조   ② 시장   ③ 상자

 시장

재화와 서비스를 거래하는 곳, 시장

옛날 사람들은 자신이 만든 음식이나 물건을 사용하며 생활했어요. 그런데 자기가 가진 물건만으로 생활하다 보니 너무 불편한 거죠. 그래서 고민 끝에 내가 가진 물건을 다른 사람들과 바꾸기 시작했어요. 처음에는 조금씩 가끔 바꾸다가 점점 더 많은 물건을 바꾸기 시작했어요. 하지만 언제 어디서 만나는지가 매번 바뀌니 또 너무 불편했답니다. 그래서 사람들은 약속을 했어요. 앞으로 매주 월요일 12시에 이 장소에서 만나서 물건을 바꾸자고요. 그렇게 해서 사람들은 정해진 시간과 장소에 모여서 물건을 바꾸기 시작했답니다. 이렇게 정해진 장소가 바로 '시장'이에요. 시장은 물건을 사려는 사람과 팔려는 사람이 만나서 거래가 이루어지는 모든 공간을 의미해요.

과거의 시장은 우리가 요즘 재래시장에서 보는 것처럼 상인들이 물건을 팔고, 사람들이 지나가면서 물건을 사는 곳을 뜻했어요. 하지만 요즘에는 장소가 어디든 물건을 사는 사람과 파는 사람이 만나 거래를 하는 곳 모두를 시장이라고 해요. 우리 주변을 둘러보면 쉽게 찾을 수 있어요. 대형 마트나 편의점도 시장이라고 할 수 있어요. 학교에서 열리는 알뜰 장터나 바자회도 시장이라고 할 수 있어요. 요즘에는 인터넷도 발달하면서 꼭 우리가 가지 않아도 어디서든 시장을 만날 수 있어요. 인터넷에서 물건을 파는 사이트들을 들어가 본 적 있나요? 물건을 팔려는 사람들은 자신의 물건을 사이트에 올려놓고 사려는 사람은 좋은 물건을 찾기 위해 여러 사이트를 검색하죠. 이처럼 우리 주변에서 거래가 이루어지는 모든 곳을 시장이라고 한답니다.

다른 모습으로 진화하는 시장

기술이 점점 발전하면서 시장의 모습도 다양하게 변화하고 있다. 최근에는 같은 동네에 사는 사람들끼리 사용하던 물품을 거래하는 시장도 생겨났다. 각자 사용하던 물건을 버리기 아까우니 직접 동네에서 만나서 거래를 하는 것이다. 또 인터넷의 발달로 이제는 시장의 범위가 점점 넓어져서 우리나라에서도 미국, 중국, 유럽 등의 시장에서 거래할 수 있게 되었다. 미국 시장에서 파는 물건을 배송으로 쉽게 받을 수 있고, 우리나라에 있는 물건을 전 세계 다양한 나라에 팔 수 있게 되었다.

경제가 뭐예요? 8

포기한 것의 대가 ㄱ ㅎ 비용

① 기회비용   ② 고향비용   ③ 기획비용

기회비용

짜장면? 짬뽕? 무엇을 골라야 하지?

많은 사람은 중국집에 가면 고민을 합니다. 바로 짜장면과 짬뽕 중 도대체 어떤 것을 시켜야 할지 고민하는 거죠. 짜장면을 시키자니 매콤한 짬뽕 국물에 맛있는 해물이 어우러져 나오는 짬뽕의 맛을 포기해야 하고, 짬뽕을 시키자니 달콤한 춘장에 맛있게 볶은 양파와 고기의 맛을 포기해야 하고, 그렇다고 둘 다 시키기엔 돈도 많이 들고 배도 부르니 참 고민이에요. 이렇게 둘 중 하나를 선택하느라 고민했던 경험이 있나요?

우리는 살면서 정말 다양한 선택의 순간에 놓여요. 하지만 가지고 있는 시간이나 돈은 한정적이라 항상 하나를 선택하면 다른 하나는 포기해야 하죠. 이때 우리가 포기하게 되는 것의 대가를 '기회비용'이라고 합니다. 짜장면을 선택한 순간 짬뽕을 먹을 때 느끼는 행복은 기회비용이 되는 거예요. 반대로 짬뽕을 선택하면 짜장면을 먹을 때 느낄 수 있는 행복이 기회비용이 되겠죠. 어떤 선택을 할 때 기회비용을 미리 생각해 보는 것은 매우 중요해요. 앞으로 여러분들은 매 순간 선택할 때마다 만족도는 높고 기회비용이 가장 적은 선택을 해야 합니다. 그래야 여러분이 조금 더 만족하고 후회하지 않을 수 있어요. 하지만 각자 느끼는 만족도와 후회하는 정도가 다르기 때문에 스스로 판단해야 해요.

용돈에도 기회비용의 비밀이 숨어 있어요. 용돈을 받은 뒤 이 돈을 친구들과 떡볶이를 사 먹는 데 사용할 것인지 학용품을 사는 데 사용할 것인지 잘 선택해야 해요. 떡볶이를 사 먹었을 때 만족도가 학용품을 포기할 때 느끼는 감정보다 크다면 떡볶이를 사 먹는 것이 올바른 선택이 될 수 있답니다. 앞으로 선택의 순간에 기회비용을 미리 생각해 보고 결정한다면 무엇인가를 포기하여도 후회하지 않는 선택을 할 수 있을 거예요.

✿ 짬짜면에 숨겨진 기회비용의 비밀

짜장면과 짬뽕을 함께 먹을 수 있는 짬짜면은 중국집에 가면 흔하게 볼 수 있는 메뉴이다. 한 그릇에 반은 짜장면, 반은 짬뽕이 담겨 나오는 음식으로 짜장면과 짬뽕 사이에서 고민하는 사람들을 위해 개발된 메뉴이다. 하나를 선택했을 때의 기회비용을 최대한 줄이기 위해 만들어진 메뉴라고 볼 수 있다.

2장 저도 용돈 주세요!

저도 용돈 주세요!

경제 활동의 대가
ㅅ ㄷ

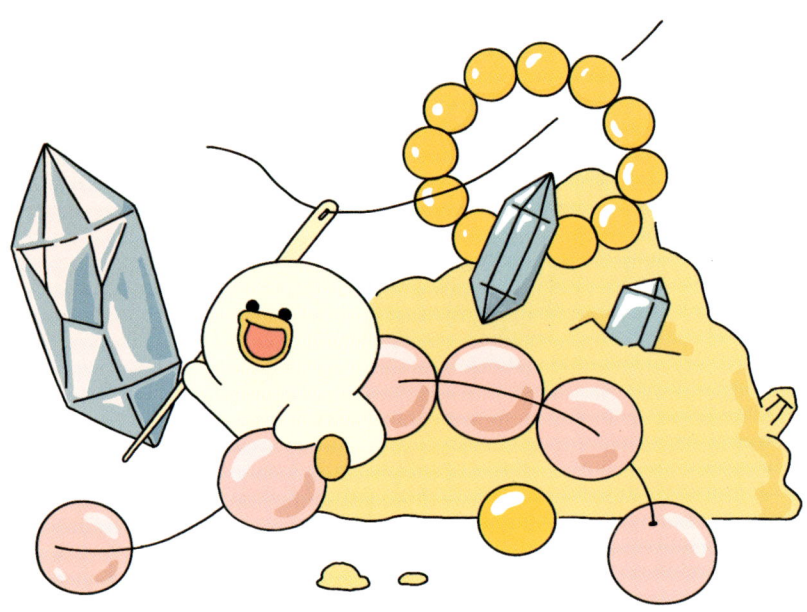

① 사당　② 소득　③ 식당

돈을 벌고 싶어요!

혹시 부모님 대신 설거지를 하거나 청소를 하고 용돈을 받은 친구들 있나요? 매주 혹은 매달 부모님께 용돈을 받기도 하지만 이렇게 가끔 집안일을 하고 그때마다 용돈을 받는 친구들도 있답니다. 집안일을 돕고 받은 용돈처럼 경제 활동을 통해서 벌어들인 돈을 '소득'이라고 합니다. 사람들은 보통 일을 하거나 가게를 차려서 열심히 돈을 벌죠. 돈이 많으면 우리가 먹고 싶거나 사고 싶은 것을 마음껏 누릴 수 있기 때문이에요.

소득은 대부분 직업 활동을 통해서 벌 수 있어요. 부모님이 매일 아침 회사에 출근해서 일을 하거나, 삼촌이 햄버거 가게에서 요리하면서 돈을 버는 것도 소득이라고 해요. 또는 직접 회사나 가게를 차려서 소득을 얻을 방법도 있어요. 이렇게 소득을 벌기 위해 일을 하는 것을 '근로'라고 하고, 일을 통해서 벌어들인 소득을 '근로 소득'이라고 해요. 꼭 일을 해야 소득을 벌 수 있는 것은 아니에요. 소득을 얻을 방법에는 다른 것도 있어요. 내가 가지고 있는 건물이나 땅을 다른 사람에게 빌려주고 그 대가를 받는 것도 소득입니다. 또 은행에 돈을 오랫동안 맡긴다고 약속하거나, 주식이나 부동산에 투자해서 벌 수도 있어요. 몸이 아파서 일을 하지 못하거나 나이가 많아 더 이상 일을 하지 못할 때 나라에서 주는 돈을 받는 것도 소득이라고 해요. 이렇게 소득은 다양하기 때문에 한 가지 방법만 생각할 것이 아니라 여러 가지 방법을 생각해야 해요. 나중에 갑자기 일을 할 수 없거나 자기가 가진 재산이 줄어들거나 사라질 수도 있기 때문이에요. 그래서 각자 자신에게 맞는 상황을 생각하며 다양한 방법으로 돈을 벌 수 있도록 노력하는 것이 중요합니다.

왜 직업마다 소득이 다를까?

우리 주변에는 다양한 직업이 있지만 모든 직업이 똑같은 소득을 받지는 않는다. 직업마다 하는 일과 필요한 능력이 다르기 때문에 소득도 차이가 나는 것이다. 소득이 높은 직업은 보통 일을 하기 위해 필요한 능력이 많이 요구되고 우리 사회에 없어서는 안 되는 직업이 많다. 의사는 소득이 높은 대표적인 직업이다. 의사가 되기 위해선 공부도 잘해야 하고, 의사들은 목숨과 관련한 중요한 일을 하는 사람들이기 때문에 소득이 높다. 하지만 무조건 소득이 낮다고 중요하지 않은 것은 아니다. 단순히 소득으로 직업의 중요성을 판단하는 것은 옳지 않다.

저도 용돈 주세요! ②
돈의 또 다른 이름 ㅎ ㅍ

① 한패 ② 화폐 ③ 하판

물건끼리 바꾸지 말고 화폐를 사용하자!

옛날 옛적 한 마을에 사람들이 살고 있어요. 이 마을 사람들은 산에서 나물을 캐고 농사를 지으며 살고 있었죠. 어느 날 바다 근처 마을 사람들이 생선과 조개를 가지고 와서는 쌀과 채소와 바꾸자고 했어요. 마침 생선이 필요했던 마을 사람들은 나물과 생선을 바꾸었답니다. 소식을 들은 옆 마을 사람들이 이번에는 고기를 가지고 와서는 쌀과 바꾸자고 하였어요. 이후로도 계속 각자 마을에서 식량을 교환하던 사람들은 점점 불편함을 느끼기 시작했어요. 매번 바꾸러 갈 때마다 들고 가는 채소나 생선이 너무 무거웠어요. 또 마을 사람들은 정확히 생선 몇 마리와 채소 얼마큼을 바꾸는 게 좋을지도 고민이었습니다. 마을 사람들의 불편한 점을 해결하기 위해선 무엇이 필요할까요?

생선과 채소를 교환할 때 그 값을 계산해 줄 수 있는 작고 가벼운 다른 것이 필요할 거예요. 그래서 사람들은 어떤 물건에 값을 매겨 교환할 때 사용할 수 있는 '화폐'를 만들게 되었어요. 이제 물건끼리 교환하는 것이 아니라 물건과 화폐를 교환해서 누구나 쉽게 물건을 거래할 수 있도록 만들게 된 것이죠. 또 채소와 고기 그리고 생선을 동시에 바꿀 때도 헷갈리지 않고 모두가 만족하면서 바꿀 수가 있었어요. 화폐는 처음부터 우리가 알던 동전이나 지폐의 모양은 아니었어요. 옛날 사람들은 종이나 동전을 만들 수 있는 기술이 없었기 때문이죠. 대신에 구하기 힘들고 모양이 일정한 조개껍데기나 돌 조각을 화폐로 대신 사용하였죠. 예를 들면 생선 한 마리에 조개껍데기 열 개, 채소 한 묶음에 조개껍데기 다섯 개……, 이런 식으로 교환을 시작했어요. 하지만 이러한 조개껍데기나 돌 조각도 모양과 크기가 각자 다르고 보관하는 과정에서 깨지거나 사라졌기 때문에 화폐는 점점 발전하여 지금처럼 동전이나 지폐의 모습으로 바뀌게 되었답니다.

조개껍데기를 화폐로 쓰던 나라가 있었다고?

백 년 전까지도 조개껍데기를 화폐로 사용하던 나라가 있었다. 남태평양에 위치한 작은 섬나라인 파푸아 뉴기니이다. 1942년 2차 세계대전 당시 일본이 파푸아 뉴기니를 공격할 때 하늘에서 조개껍데기를 뿌렸는데, 당시 화폐인 조개껍데기가 하늘에서 떨어지기 시작해서 나라 경제가 혼란해졌다. 일본은 이 틈을 타서 뉴기니를 공격하였고, 결국 점령하는 데 성공하였다.

저도 용돈 주세요! ③
우리나라의 화폐 단위 ㅇ ㅎ

① 위화　② 원화　③ 인화

백 원, 천 원, 만 원…우리 돈의 이름은 '원'!

연필을 셀 때는 어떻게 셀까요? 한 자루, 두 자루, 세 자루……. 동물원에 있는 원숭이는 어떻게 셀까요? 한 마리, 두 마리, 세 마리……. 그렇다면 우리나라 돈을 셀 때는 어떻게 세야 할까요? 우리가 물건이나 동물을 셀 때 각자 부르는 이름이 있듯이 돈을 셀 때도 부르는 이름이 따로 있어요. 돈을 셀 때 부르는 이름을 바로 '화폐 단위'라고 해요. 나라마다 사용하는 돈이 달라서 화폐 단위도 다르게 부르는데, 우리나라는 화폐 단위를 '원' 또는 '원화'라고 불러요. 영어로는 'Won'으로, 코드로 쓸 때는 KRW, 기호는 ₩으로 다양한 모습을 가지고 있어요. 그래서 물건의 가격은 숫자로 표시하고 꼭 뒤에 '원' 글자나 기호를 사용합니다.

마트에 갔던 기억을 떠올려 볼까요? 마트에 가서 물건을 살 때 1,000원, 2,000원이라고 하죠. 그런데 언제부터 우리나라 돈을 '원'이라고 하였을까요? 일본이 우리나라를 강제로 지배하기 전인 대한제국 시절부터 '원'이라는 단위를 사용하였어요. 이후 일제강점기 때는 일본의 화폐 단위인 '엔'을 사용했고, 해방된 이후에는 '환'을 사용하다가 다시 '원'으로 복귀했어요. 자, 이제 우리 주변을 한 번 살펴볼까요? 아마도 숫자 뒤에 '원'이라는 글자가 보일 거예요.

그렇다면 다른 나라들은 어떤 화폐 단위를 사용하고 있을까요? 우리나라의 화폐가 '원'인 것처럼 다른 나라도 자기 나라만의 화폐 단위를 사용하고 있어요. 미국은 '달러', 일본은 '엔', 중국은 '위안', 영국은 '파운드', 인도는 '루피' 등 각자 나라에서 사용하는 화폐 단위가 있어요. 나라마다 사용하는 돈의 모습과 단위가 다르고, 사용하는 화폐 단위도 모두 다르죠.

✿ 나는 다르게 부르고 싶은데 그래도 되나요?

우리나라에서 사용하는 화폐 단위인 '원'은 마음대로 바꿔서 부를 수 없다. 왜냐하면 화폐 단위도 법으로 정해져 있기 때문이다. 한국은행법 제47조 2(화폐단위)에 의하면 우리나라 화폐 단위는 '원'으로 정하고 있다. 따라서 화폐 단위를 사용할 때는 법에 따라 다 같이 '원'을 사용해야 하고 만약 이를 바꾸기 위해서는 법을 개정해야 한다.

저도 용돈 주세요! ④
구리로 만든 동그란 돈 ㄷㅈ

①당진 ②동전 ③단전

한 푼 두 푼… 모으면 지폐가 되죠.

집에 동전이 있나요? 동전을 한 번 살펴볼까요? 앞면에는 아마도 이순신 장군의 얼굴이나 학 그림이 그려져 있을 거예요. 뒷면을 보면 가운데 동전의 단위를 알려주는 숫자가 크게 쓰여 있고 위에는 동전이 만들어진 연도가, 아래에는 동전을 만든 곳이 적혀 있어요. 과거에는 10원, 50원 동전을 많이 사용했지만, 요즘에는 주로 100원, 500원 동전을 사용하죠. 우리가 흔히 쓰고 있는 동전은 언제부터 이렇게 사용했을까요?

처음에는 물건을 거래하기 위해 조개껍데기나 소금과 같은 것을 화폐로 사용했어요. 하지만 이러한 것을 화폐로 사용하다 보니 불편한 점이 보이기 시작했어요. 조개껍데기는 깨지기 쉬웠고, 소금도 비가 와서 물에 젖으면 그대로 사라져서 화폐의 역할을 하기 어려웠죠. 그래서 사람들은 시간이 지나도 모습이 변하지 않는 화폐를 만들려고 했어요. 결국 금, 은, 구리와 같은 금속을 사용하면 이런 문제를 해결할 수 있다는 해답을 찾았고, 금속을 사용하여 제작한 화폐인 '동전'을 만들기 시작했어요.

동전을 처음 사용한 곳은 기원전 700년 전쯤 지금의 튀르키예가 위치한 소아시아 지역이라고 전해지고 있어요. 동전은 금이나 은과 같은 금속을 녹여서 동전 모양을 만드는 틀에 넣고 굳혀서 만들었어요. 그래야 동전을 받는 모든 사람이 똑같은 모양과 크기의 동전을 사용할 수 있게 돼요. 우리나라 역사에서는 언제 동전을 사용했을까요? 고려 시대는 '건원중보'라는 동전을 만들어서 사용했고, 조선 시대에 와서는 '상평통보'와 '당오전'이라는 이름의 동전을 만들어서 사용했답니다. 금속으로 만든 덕분에 시간이 오래 지나도 그 모습을 그대로 유지하고 있습니다.

옛날에 사용하던 동전은 왜 가운데 네모가 뚫려있을까?

조선 시대에 사용하던 동전인 '상평통보'의 모양을 보면 가운데 사각형 모양이 뚫려있다. '상평통보'는 당시 중국에서 사용하던 동전인 엽전의 모양을 본떠서 만들었는데 원 모양은 하늘을 의미하고 가운데 네모는 땅을 나타내기 위해 만들었다. 사각형 모양의 구멍은 줄을 넣어서 들고 다니기 편하게 만들어졌다.

저도 용돈 주세요! 5
종이로 만든 돈 ㅈㅍ

① 지폐 ② 조폐 ③ 재패

종이 돈이지만 종이로 만들지 않았다고?

　이황, 이이, 세종대왕, 신사임당……, 이 위인들의 공통점은 무엇일까요? 바로 1,000원, 5,000원, 10,000원, 50,000원 화폐의 주인공이죠. 파란색, 초록색, 노란색 등 각자 다른 색깔을 가지고 있으며 1,000원부터 50,000원까지 종류가 다양한 이 화폐는 '지폐'라고 합니다.

　지폐는 종이로 만든 돈이라는 의미예요. 왜 동전이 있는데 지폐를 만들었을까요? 처음에 사람들은 동전으로 화폐를 사용했어요. 그런데 동전이 한 개, 두 개 있을 땐 크게 느끼지 못했는데 백 개, 천 개를 모아보니 너무 무거웠어요. 그리고 사람들이 가지고 있는 돈이 많아지면서 이 돈을 다 동전으로 가지고 있기에 너무 힘들었어요. 그래서 사람들은 가볍고 쉽게 들고 다닐 수 있는 돈을 만들기 위해서 고민하다가 종이로 돈을 만들기 시작했어요. 동전과 달리 종이로 돈을 만들다 보니 다양한 무늬와 색깔을 넣기 편해졌어요. 다른 나라의 지폐를 보면 그 나라가 중요하다고 생각하는 인물이나 상징을 쉽게 파악할 수 있어요. 예를 들어 미국 지폐에는 예전 미국 대통령의 모습을, 아프리카에 있는 남아프리카 공화국의 지폐에는 아프리카를 잘 나타내는 코끼리나 사자 같은 동물 그림이 있어요.

또 지폐에는 아주 특별한 기능이 들어 있어요. 누군가 집에서 종이를 가지고 가짜 돈을 만들면 우리나라 경제가 혼란스러워질 수 있기 때문에 진짜 지폐와 구별할 수 있는 기능도 숨겨져 있답니다. 집에 있는 지폐를 한 번 꺼내서 살펴볼까요? 우리가 몰랐던 다양한 비밀을 찾을 수 있을 거예요.

✿ 우리나라 지폐는 종이로 만들지 않는다?

지폐는 종이로 만든 돈이라는 의미인데 종이로 만들지 않는다는 말이 무슨 뜻일까? 우리나라 지폐는 사실 진짜 종이로 만들기보다 우리가 입는 옷에 사용하는 소재인 면 섬유로 만든다. 지폐는 한 사람이 한 번만 사용하는 것이 아니라 여러 사람이 다양하게 사용하기 때문에 종이로 만들면 쉽게 찢어지거나 손상될 수 있다. 그래서 우리나라는 지폐를 만들 때 부드럽고 잘 찢어지지 않는 면 섬유를 사용해서 지폐를 만든다. 지폐를 넣고 세탁기에 돌려도 다시 사용할 수 있는 것도 바로 이 때문이다.

저도 용돈 주세요! 6

돈을 저장해 둔 플라스틱 ㅋ ㄷ

① 카드　② 키득　③ 콜드

돈을 사용하게 될 때 카드

발견 ① 카드

69

편리하지만 함부로 쓰면 위험해요!

"엄마 나 지갑을 잃어버린 거 같아." 큰일이네요. 지우가 지갑을 잃어버렸대요. 지갑에는 10,000원짜리 지폐 두 장과 1,000원짜리 지폐 일곱 장, 500원 동전 세 개가 들어있었어요. 지우가 엄마와 함께 열심히 지갑을 찾으러 동네도 돌아다니고 경찰서도 방문해 보았지만, 지갑을 찾을 수가 없네요. 지우는 열심히 모은 용돈을 한 번에 다 잃어버리게 되었어요. 여러분도 혹시 지우처럼 열심히 모은 용돈을 잃어버린 적 있나요?

동전과 지폐를 사용하면서 생활이 편리해졌지만 큰돈을 들고 다니다가 잃어버리면 정말 큰일이 나기 때문에 항상 걱정이었어요. 또 계산이 복잡하면 불편했지요. 방법이 없을까 고민하던 사람들은 '카드'를 만들어서 사용하기 시작했어요. 가지고 있는 돈을 은행에 맡겨두면 카드만 있어도 어디서든 그 돈을 사용할 수 있어요. 또 카드는 계산도 알아서 해주고요. 잃어버릴 경우에는 다른 사람이 사용하는 것을 막고, 내가 보관했던 돈은 그대로 다시 사용할 수 있어요. 그래서 사람들은 이제 불편하게 지갑에 많은 동전과 지폐를 들고 다니지 않아도 카드 한 장이면 편리하게 돈을 사용할 수 있게 되었어요.

사람들이 사용하는 카드는 크게 두 가지 종류가 있어요. 체크 카드와 신용 카드를 가장 많이 사용해요. 체크 카드는 내가 은행에 보관한 돈을 바로바로 사용하는 카드예요. 그래서 결제할 때 내 돈이 바로 빠져나가요. 당연히 내가 가진 만큼만 사용할 수 있겠죠. 신용 카드는 내가 사용한 만큼 다음 달에 돈을 내는 방식이에요. 카드를 사용할 때 돈을 바로 내진 않고 한 달 동안 카드로 사용한 금액을 모두 합쳐서 다음 달에 내는 방식이에요.

✿ 초등학생도 카드를 만들 수 있을까?

만 7세부터 부모님이 동의하면 초등학생도 자기 이름으로 된 카드를 만들 수 있다. 직접 카드를 사용하면 받은 용돈을 스스로 잘 관리하고, 어디에 얼마나 썼는지를 돌아보면서 소비 습관을 점검해 볼 수 있다. 하지만 카드를 사용할 때는 부모님과 충분한 대화를 해야 한다. 카드는 잘못 사용하면 안 좋은 소비 습관을 만들 수 있기 때문에 조심해서 사용해야 한다.

저도 용돈 주세요! 7
내가 원하는 숫자로 만든 돈
ㅅ ㅍ

① 수표　② 사표　③ 상표

내가 응원하는 우상혁 선수 금메달 수표

큰 금액 사용에 편리해요.

 가족들과 식당에서 맛있는 저녁을 먹은 민채는 계산하는 아버지의 모습을 보고 깜짝 놀랐어요. 아버지는 지갑에서 무언가를 꺼내더니 숫자가 적힌 하얀 종이를 건넸어요. 종이를 자세히 보니 민채가 알던 지폐랑은 생긴 게 달라요. 세종대왕이나 신사임당 초상화도 없고요. 한국은행이 아닌 다른 은행이 적혀 있어요. 도대체 이 종이는 무엇이길래 한 장만 내도 비싸게 먹은 저녁 값을 한 번에 계산할 수 있는 걸까요? 민채 아버지가 낸 종이의 정체는 바로 '수표'입니다. 수표는 많은 양의 돈을 대신한다는 의미를 약속한 종이에요. 오만 원이나 만 원처럼 딱 정해진 금액이 아니라 자신이 원하는 돈의 액수만큼 수표 한 장으로 약속받을 수 있어요. 사람들은 주로 10만 원, 50만 원, 100만 원 단위의 수표를 주로 만들지만, 자신이 원하는 돈의 액수로 만들 수도 있어요. 수표를 사용하면 지폐를 많이 들고 다니지 않아도 되죠.

 수표를 만들기 위해선 내가 수표에 적는 금액만큼의 돈을 은행에 보관해야 해요. 예를 들어 100만 원 수표를 만들고 싶다면 내가 100만 원을 은행에 먼저 보관해야 가능해요. 100만 원이 없는데 거짓말로 100만 원을 준다고 약속할 수 없기 때문이죠. 그다음 은행에 가서 100만 원짜리 수표를 만들고 싶다고 신청을 해요. 만든 수표를 가지고 가게나 다른 사람에게 주게 된다면 받은 사람은 그 수표를 가지고 은행에 가서 돈을 바꿀 수 있어요. 이때 받은 사람의 신분을 증명할 수 있는 신분증이 필요합니다. 수표를 통해서는 주로 큰돈으로 바꾸기 때문에 어떤 사람이 받는지 은행에서 기록하기 위해서예요.

☆ 백지수표는 정말 원하는 만큼 돈을 다 줄까?

영화나 드라마에 보면 자주 등장하는 장면이 있다. 어떤 사람을 자신의 편으로 만들기 위해서 큰돈을 준다고 하는 장면이 있다. 이때 백지수표라는 것을 주면서 원하는 만큼 돈을 적으면 다 준다고 한다. 백지수표는 수표로 받을 수 있는 돈의 칸이 비어 있다. 받는 사람이 원하는 만큼 적을 수 있다는 의미다. 하지만 실제로는 그렇지 않다. 아무리 칸이 비어있다고 하더라도 백지수표를 만든 사람이 가지고 있는 돈까지만 받을 수 있다. 우리가 영화나 뉴스에서 보고 듣는 백지수표는 실제 백지수표랑은 조금 다르다.

저도 용돈 주세요! 8

특별한 곳에서만 쓸 수 있는 돈
ㅅ ㅍ ㄱ

① 수표권　② 상품권　③ 사표권

누구에게나 쓸 수 없는 돈, 상품권

월급 ② 상품권

 상품권

종류가 많지만 정해진 곳에서 사용해요.

지안이네 초등학교 도서관에서 이번에 글짓기 대회가 열렸어요. 평소에 책 읽는 것을 좋아하던 지안이는 글짓기 대회에서 우수상을 수상했어요. 우수상을 수상하니 멋진 상장과 함께 봉투 하나를 받았네요. 봉투를 열어보니 '10,000'이라는 숫자가 적혀 있고 문화상품권이라는 글자가 적혀있는 종이 한 장이 들어 있어요. '10,000'이라는 숫자만 보고 당연히 만 원이라고 생각한 지안이는 당장 탕후루 가게로 달려갔어요. 하지만 탕후루 가게에서는 이 돈을 사용할 수 없다고 하네요. 지안이가 받은 이 종이의 정체는 무엇일까요?

지안이가 받은 종이의 정체는 바로 상품권이에요. 상품권은 특별한 가게나 장소에서만 사용할 수 있는 돈이에요. 지안이가 받은 문화상품권은 이름 그대로 문화생활을 하는 장소에서만 사용할 수 있어요. 책을 판매하는 서점이나 영화를 볼 수 있는 영화관처럼 문화생활을 할 수 있는 곳이면 어디든 사용이 가능해요. 보통은 백화점, 대형 마트, 서점과 같은 장소에서 주로 만들어서 사람들에게 나눠주기도 하고, 사람들이 다른 사람에게 선물하기도 해요. 이런 상품권을 받으면 그 금액만큼 그 장소에 가서 돈과 똑같이 사용할 수 있어요.

하지만 상품권은 그 장소에서만 사용할 수 있는 단점이 있어요. A 백화점 상품권을 들고 B 백화점에 가면 아무 물건도 살 수가 없어요. 지안이가 받은 만 원짜리 문화상품권도 간식을 사 먹는 데 사용할 수 없어요. 그래서 같은 50,000원이라도 상품권과 지폐는 그 가치가 달라져요. 50,000원 지폐는 어디서든 사용할 수 있지만 상품권은 정해진 곳에서만 사용할 수 있기 때문이죠.

기프트카드도 상품권

스타벅스, 올리브영과 같은 대형 프랜차이즈 매장에서도 이러한 상품권을 많이 사용하고 있다. 과거에는 지폐처럼 종이로 된 상품권을 주로 사용하였으나 요즘에는 여러 번 사용할 수 있는 기프트 카드를 만드는 브랜드가 늘어나고 있다. 기프트 카드의 디자인을 아름답게 만들고 계속 돈을 충전해서 사용할 수 있게 하여서 소비자들이 계속 그 브랜드의 제품을 구매하도록 만드는 전략이다.

돈을 어디에 보관하지? ①

대표적인 금융 기관
ㅇ ㅎ

① 은행 ② 운행 ③ 여행

은행은 다양한 금융의 중심이에요

혹시 은행에 방문해 본 경험이 있나요? 아마도 열심히 모은 용돈을 맡기러 가거나 부모님을 따라서 가본 경험이 있을 거예요. 처음 보는 숫자들이 막 쓰여 있고 사람들이 번호표를 뽑고 자기 차례를 기다리는 모습을 볼 수 있죠. 사람들이 소중한 돈을 맡기고 찾아가는 곳이다 보니 안전을 위해 총을 차고 있는 사람도 볼 수 있어요. 그런데 은행이 정확히 무슨 일을 하는 곳인지 알고 있나요? 돈을 빌리거나 빌려주는 일을 '금융'이라고 합니다. 그리고 이런 금융과 관련된 일을 하는 곳을 금융 기관이라고 해요. 금융 기관에는 보험사, 증권 회사 등 다양한 기관들이 있지만 대표적인 것이 바로 은행입니다. 은행이 사람들의 돈을 보관하거나 빌려주는 일을 하기 때문이죠. 은행은 사람들의 금융 업무를 도와주는 기관입니다. 우리 주변에서 쉽게 볼 수 있고 갈 수 있는 만큼 은행에서는 다양한 금융 업무를 할 수 있어요. 내가 모은 돈을 맡기면 안전하게 보관도 해주고, 또 돈이 필요한 사람들에게 약속하고 돈을 빌려주기도 합니다. 그 밖에도 은행에서는 카드를 만들거나 모은 동전을 지폐로 바꿀 수도 있고, 우리나라 화폐를 다른 나라의 화폐로 바꿀 수도 있어요.

  과거에는 금융 서비스를 이용하려면 직접 은행에 방문해야 했어요. 모은 동전과 지폐를 안전하게 챙겨서 은행에 직접 찾아가야 하는 번거로움이 있었습니다. 하지만 요즘에는 인터넷이 발달하면서 직접 가지 않아도 은행에서 제공하는 서비스를 이용할 수 있어요. 컴퓨터나 스마트폰을 통해 다른 사람에게 돈을 보내거나 은행에 돈을 맡기는 등 은행의 금융 업무를 언제 어디서든 편하게 이용할 수 있는 시대가 되었답니다.

한국은행은 어떤 은행일까?

한국은행은 일반 은행과는 조금 다른 역할을 한다. 우리가 은행에 가서 돈을 빌리는 것처럼 한국은행은 일반 은행들을 상대로 돈을 빌려주는 역할을 하는 기관이다. 따라서 한국은행에서는 일반 사람들에게 돈을 빌려주거나 돈을 보관하는 역할을 하지는 않는다. 이 밖에도 한국은행에서는 화폐를 발행하기도 하고 나라의 경제가 잘 돌아갈 수 있도록 정책을 연구하고 통화량(돈의 양)을 조절하는 일을 하기도 한다.

돈을 어디에 보관하지? ②
돈을 모아요 ㅈ ㅊ

① 저축   ② 재촉   ③ 장착

 저축

'티끌 모아 태산이다'

  은수는 일주일마다 5,000원씩 용돈을 받아요. 은수는 용돈을 받자마자 과자와 음료수를 사 먹는 데 모두 사용했어요. 그런 은수의 모습을 보고 엄마가 말했어요. "은수야, 용돈을 모두 사용하지 말고 저축도 해야지." 그러나 은수는 엄마의 이야기를 듣지 않고 용돈을 받을 때마다 모두 맛있는 간식을 먹는 데 써버렸어요. 그러던 어느 날, 반 친구인 구현이가 멋진 축구화를 신고 왔어요. 구현이처럼 축구화를 사고 싶었던 은수는 학교를 마치자마자 신발 가게로 달려갔어요. 하지만 맙소사! 축구화의 가격은 무려 50,000원! 모아 놓은 용돈이 없던 은수는 속상한 마음을 가지고 집으로 올 수밖에 없었습니다. 은수는 왜 축구화를 살 수 없었을까요?

  여러분도 사고 싶은 물건이 있나요? 축구화나 게임기처럼 원하는 물건을 사기 위해서 돈을 다 쓰지 않고 모으는 것을 '저축'이라고 해요. 살다 보면 정말 예상치 못하는 일이 갑자기 발생하거나, 미래에 큰돈이 필요한 경우가 많기 때문에 저축하는 것이 매우 중요해요. 은수도 저축했다면 구현이처럼 축구화를 살 수 있었을 거예요. 또 저축은 나라의 경제에도 많은 도움이 됩니다. 은행에 저축한 돈이 많아질수록 정부와 기업이 경제 활동을 할 수 있게 돼요.

　이솝 우화에 나오는 개미와 베짱이 이야기를 알고 있나요? 개미는 겨울이 오기 전에 열심히 곡식을 저축했어요. 하지만 베짱이는 개미가 이렇게 열심히 저축하는 동안 일하지 않고 곡식을 모아두지 않았어요. 모두 알다시피 베짱이는 추운 겨울에 개미에게 도움을 요청할 수밖에 없었어요. 베짱이도 은수도 미리 저축을 했다면 이렇게 속상하지 않았겠지요. 여러분도 개미처럼 받은 용돈을 조금씩 저축하는 습관을 길러보는 것은 어떨까요?

저축 어떻게 해야할까?

받은 용돈을 다 써버리는 것이 좋지 않은 것처럼 받은 용돈을 모두 저축하는 것도 현명한 방법은 아니다. 용돈의 절반 정도를 저축하는 것이 좋다. 또 저축의 목표가 있으면 더욱 좋다. 마지막으로 저축할 때는 은행에 저축하는 것이 좋다. 은행에 저축하면 돈을 안전히 보관할 수 있고 이자도 받을 수 있기 때문이다.

돈을 어디에 보관하지? 3

은행 거래를 위한 첫걸음 ㅌ ㅈ

① 투자   ② 통장   ③ 탄장

나의 저축을 기록해주는 시작점

　오늘은 드디어 은재가 은행에 가는 날이에요. 매달 받은 용돈을 차곡차곡 저축해서 10만 원이 되는 날, 은행에 가서 돈을 맡기기로 엄마랑 약속했기 때문이에요. 저금통을 열어서 모은 용돈을 잘 세어보니 10,000원짜리 지폐 일곱 장, 5,000원짜리 지폐 네 장, 1,000원짜리 지폐 다섯 장과 동전을 모두 더하니 딱 10만 원이네요. 　은행에 도착한 은재는 번호표를 뽑고 떨리는 마음으로 순서를 기다렸어요. 드디어 은재 차례가 왔어요. 얼른 가서 돈을 맡기려고 하는데 은행에서 먼저 통장을 만들어야 한다고 하네요. 통장은 어떤 물건일까요? 은행에서 제공하는 다양한 금융 서비스를 이용하려면 가장 먼저 통장이 있어야 해요. 통장은 은행에서 만들어주는 저금통이라고 생각하면 됩니다. 통장은 종이 몇 장을 묶어서 만든 작은 책처럼 생겼어요. 저금통처럼 돈을 보관하면 얼마나 모였는지 바로 알 수 없고 돈이 많아지면 다른 저금통으로 바꾸거나 새로 사야 하는 번거로움 없이 통장은 돈을 숫자로 표시해요. 동전과 지폐를 은행에 맡기면 통장에 그만큼 숫자가 생겨요. 통장을 만들었다면 이제부터 은행에서 저축할 수 있어요. 뿐만 아니라 통장이 있으면 앞으로는 부모님께 용돈을 통장으로 받을 수도 있어요. 그렇게 받은 돈은 은행이나 현금인출기를 이용하면 쉽게 꺼내서 사용할 수 있어요.

통장은 종류가 매우 다양해요. 지갑처럼 내가 원할 때 원하는 만큼 자유롭게 모아둔 돈을 꺼내서 쓸 수 있는 입출금 통장, 은행과 일정한 시기와 돈을 약속해서 보관하는 예·적금 통장, 나중에 아파트를 사기 위해 미리 돈을 저축하는 청약 통장 등 종류가 매우 다양합니다. 아직 통장이 없다면 부모님과 상의해서 통장을 한번 만들어보면 어떨까요?

초등학생이 통장을 만들려면 어떻게 해야 할까?

초등학생도 통장을 만들 수 있다. 가장 쉽게 통장을 만드는 방법은 가까운 은행에 방문해서 통장을 개설하는 것이다. 하지만 법적으로 만 14세 이하의 어린이는 통장을 혼자서 만들 수 없다. 따라서 부모님과 함께 가족관계증명서와 부모님 신분증을 가지고 은행을 방문한다면 자기 이름으로 된 통장을 만들 수 있다. 이렇게 자기 이름으로 된 통장이 있으면 얼마나 저축했는지 손쉽게 파악할 수 있고 안전하게 저축할 수 있다는 장점이 있다.

돈을 어디에 보관하지? ④

돈을 빌리는 비용 ㅇㅈ

① 의자　② 안장　③ 이자

빌릴 땐 무섭게 나가고, 모을 땐 천천히 모인다

은우는 매달 받는 용돈을 조금씩 은행에 저축했어요. 한 달에 10,000원씩 1년 동안 저축했답니다. 드디어 은행과 약속한 1년이 지났어요. 은행에 가서 통장을 확인해 보니 은우는 놀랐어요. 한 달에 10,000원씩 1년이면 12만 원이 저축했는데 12만 원하고도 2,000원 정도가 더 있었어요. 혹시 은행에서 실수한 건가 싶어서 물어보니 은우가 저축한 돈에 대한 이자가 들어온 거라고 하네요. 이자란 무엇일까요?

이자는 돈을 빌려주거나 빌릴 때 내는 비용이에요. 우리가 어떤 물건을 빌려서 사용하면 그에 대한 대가를 내는 것처럼 돈도 빌려서 사용하는 비용을 이자라고 합니다. 돈은 우리 모두에게 소중한 것이기 때문에 돈을 빌리거나 빌려줄 때는 반드시 조금이라도 이자를 주거나 내야 합니다. 그렇다면 이자는 얼마 정도 내는 것이 맞을까요? 이자는 빌리는 돈의 액수에 따라 달라져요. 우리가 적은 돈을 빌리거나 빌려주면 이자도 적어지고 많은 돈을 빌리거나 빌려주게 되면 이자도 같이 높아지게 됩니다. 이때 전체 돈 중에서 이자가 차지하는 비율을 '금리'라고 합니다. 금리가 높을수록 이자도 많이 내야 하고 반대로 금리가 낮아지면 내야 하는 이자도 적겠죠. 금리는 은행에서 정하는데 금리가 높을 때도 있고 낮을 때도 있어요. 이자는 빌리는 시간과도 관계가 있어요. 돈을 빌리는 기간이 길어질수록 이자는 높아져요. 반대로 돈을 빌리는 기간이 짧아지면 내야 하는 비용인 이자도 적어지겠죠. 이처럼 이자는 빌리는 기간과 액수에 따라서 다양하게 변한답니다. 그래서 돈을 빌릴 때는 빌릴 돈뿐만 아니라 돈을 빌리는 대가인 이자까지 같이 생각하는 것을 잊지 말아야 해요. 여러분도 통장을 한 번 열어서 받은 이자가 있는지 확인해 보세요.

은행에서 돈을 맡기면 이자를 주는 이유

은행이 우리의 돈을 안전하게 보관해 주는데 우리는 은행에 돈을 내기는커녕 이자를 받게 된다. 은행에 돈을 맡길 때 이자를 주는 이유는 은행이 우리가 저축한 돈을 다른 사람에게 빌려주기 때문이다. 이때 은행은 다른 사람에게 돈을 빌려주고는 대가로 이자를 받는다. 받은 이자의 일부분은 은행이 가져가고 남은 이자를 우리에게 돌려주게 된다. 그래서 우리는 은행에 돈을 저축하면 안전하게 보관할 뿐만 아니라 이자까지 받게 된다.

돈을 어디에 보관하지? 5

은행에 돈을 맡겨요 ㅇㄱ

①예금　②입금　③앙금

나에게 맞는 예금은 무엇일까?

 은행은 우리의 돈을 안전하게 보관해 주는 곳이에요. 은행에 돈을 맡기는 것을 '예금'이라고 해요. 통장만 있다면 누구나 예금을 할 수 있죠. 은행에 예금할 때는 어떤 종류의 예금에 돈을 맡길지 잘 선택해야 해요. 그래야 내가 원할 때 돈을 사용할 수도 있고, 더 많은 이자를 받을 수 있어요.

 예금의 종류는 크게 세 가지로 나눌 수 있어요. 보통 예금, 정기 예금, 정기 적금으로 나눌 수 있는데 각각 조건이나 성격이 달라서 이자도 달라져요. 가장 먼저 보통 예금은 은행에 돈을 맡겨놓고 원할 때 마음대로 꺼내서 사용할 수 있는 예금이에요. 내가 원할 때 가져갈 수 있는 대신 다른 예금보다 이자가 적어요. 정기 예금은 보통 예금과는 다르게 일정한 시간을 약속해요. 일정한 기간을 은행과 약속한 뒤 그 기간까지는 돈을 찾아가지 않는 상품이에요. 은행과 약속한 기간이 다 되는 것을 '만기'라고 하는데 만기가 오면 보통 예금보다는 이자를 더 많이 받을 수 있어요. 정기 적금은 돈을 계속 조금씩 저축할 때 많이 사용해요. 정기 예금은 보통 처음 한 번 돈을 많이 저축하고 기다리면 되지만 정기 적금은 매달 한 번씩 저축하고 일정한 기간이 다 되면 이자를 받는 상품이에요. 받은 용돈을 매달 조금씩 저축할 때 사용하면 좋아요. 모아놓은 돈은 많은데, 당장에 사용할 일이 없다면 정기 예금에 가입해서 이자를 받는 것도 좋은 방법입니다. 반대로 지금 당장은 돈이 없고 조금씩 용돈을 받아서 저축하는 것이 목표라면 정기 적금에 가입하는 것이 좋겠네요. 하지만 정기 예금과 정기 적금 둘 다 일정한 시간이 다 되기 전에 돈을 찾으면 처음에 은행에서 약속한 이자를 받을 수 없기 때문에 신중하게 생각하고 결정해야 합니다.

이자에도 세금이 붙는다?

열심히 은행에 예금을 하면서 만기가 되길 기다렸는데 내가 예상한 이자보다 받은 이자는 더 적을 가능성이 높다. 이유는 바로 이자에 대해서 세금을 내야 하기 때문이다. 우리나라는 소득에 대해 세금을 내는데 정기 예금이나 정기 적금처럼 돈을 저축해서 이자를 받았다면 받은 이자에서 일정 부분을 세금으로 내야 한다. 보통은 받는 이자의 15.4% 정도를 세금으로 가져간다(2024년 2월 기준).

돈을 어디에 보관하지? 6

거래할 수 있는 믿음 ㅅㅇ

① 신앙　② 신용　③ 사양

돈을 거래하려면 믿을 수 있어야죠!

양치기 소년 이야기 알고 있나요? 먼 옛날 한 마을에서 양을 키우던 소년은 자신이 심심하다는 이유로 마을 사람들에게 늑대가 나타났다고 거짓말을 했어요. 마을 사람들은 양치기 소년의 말을 여러 번 믿었지만, 계속되는 거짓말에 더 이상 양치기 소년의 말을 믿지 않았어요. 그러다 진짜 늑대가 나타났고 양치기 소년은 늑대가 나타났다고 울면서 소리쳤지만, 마을 사람들은 양치기 소년의 말을 믿지 않았죠. 결국 양치기 소년의 양들은 모두 늑대가 잡아먹고 말았지요. 이때 양치기 소년은 마을 사람들에게 '신용'을 잃었다고 이야기할 수 있어요.

신용이란 믿음의 정도를 의미합니다. 신용이 높을수록 그 사람은 약속을 잘 지키는 사람이고, 반대로 신용이 낮으면 약속을 잘 지키지 않는 사람을 의미하죠. 경제 활동을 할 때 이 신용은 정말로 중요해요. 경제 활동을 하면서 서로 돈을 빌리거나 빌려줘야 하는 일이 많이 있지만 상대방을 믿지 못하면 빌려줄 수가 없기 때문이죠. 친구 중에 지우개나 연필을 빌려가서 돌려주지 않거나 잃어버리는 친구가 있다면 우리는 그 친구에게 학용품을 빌려주지 않으려고 하죠. 마찬가지로 돈을 갚기로 한 날짜에 갚지 못하거나 빌려간 만큼 갚지 못하면 다음부터는 그 사람에게 돈을 빌려주지 않으려고 하는 것과 같아요. 그래서 신용이 높다고 인정받는 사람들은 은행에서 돈을 빌리려고 할 때 훨씬 편리하게 거래할 수 있어요. 은행도 신뢰가 있기 때문에 다른 사람들보다는 쉽게 돈을 빌려주려고 합니다. 반대로 신용이 낮으면 은행에서 돈을 빌리기도 어렵고, 사용하던 카드도 더 이상 사용하지 못하게 되는 경우도 있어요.

신용 카드란 무엇일까?

신용 카드는 은행 또는 카드 회사에서 카드를 사용하는 사람의 신용을 보고 만들어주는 카드이다. 신용 카드의 특징은 결제할 때 당장 돈을 내지 않고 다음 달에 돈을 내는 것이다. 카드를 사용하는 사람이 다음 달에 충분히 돈을 갚을 수 있다고 믿기 때문에 지금 돈을 내지 않아도 카드를 사용하게 해주는 것이다. 하지만 돈을 갚는 날에 제대로 돈을 갚지 못하면 카드를 사용할 수 없거나 사용할 수 있는 한도가 줄어들게 된다.

돈을 어디에 보관하지? 7

돈을 빌려줘요 ㄷ ㅊ

① 대출   ② 당첨   ③ 도출

 대출

현명하게 빌리는 것도 지혜로운 금융 생활

 정우는 스마트폰을 너무 사고 싶었어요. 다른 친구들은 가지고 있었지만 아직 혼자만 스마트폰이 없어서 속상했기 때문이에요. 스마트폰을 사려고 보니 가격이 너무 비싸네요. 열심히 용돈을 저축했지만 스마트폰을 사기에는 부족했어요. 그런데 정우의 형인 정환이가 이런 고민을 듣고 돈을 빌려주겠다고 합니다. 정우는 자신이 모은 돈과 형이 빌려준 돈을 합쳐서 원하던 스마트폰을 살 수 있었어요. 그리고 앞으로 용돈을 계속 모아서 형에게 빌린 돈을 갚기로 하였어요. 이렇게 돈을 빌리는 것을 대출이라고 해요. 새로운 집으로 이사를 하거나 자동차를 살 때처럼 큰돈이 필요한데 돈이 없으면 사람들은 대출을 받게 되죠.

 대부분 사람들은 은행을 찾아가서 대출을 받아요. 은행은 그 사람의 직업이나 재산 등을 심사한 뒤 돈을 빌려주죠. 이때 은행에서는 다양한 조건으로 심사를 해요. 빌려간 돈으로 무엇을 사려고 하는지, 빌려가는 사람이 갚을 수 있는 능력이 있는지 등을 심사해요. 그래서 주로 돈을 많이 버는 직업을 갖고 있거나 이미 가진 재산이 많은 사람일수록 대출 액수가 커져요. 반대로 돈을 잘 갚을 수 있을지 불안하거나 가지고 있는 돈이 많이 없는 사람에게는 대출을 안 해주기도 합니다. 대출을 받을 땐 언제까지 빌려간 돈을 갚기로 날짜를 정해요. 하지만 만약 이 기간 안에 빌려간 돈을 갚지 못하면 신용도가 떨어지거나 갚아야 할 돈이 늘어나기 때문에 주의해야 해요.

돈을 못 갚으면 이거라도 줄게요. 담보

만약 은행에서 빌린 돈을 갚지 못하면 어떻게 될까? 은행에서 돈을 빌려줄 때 그 사람이 돈을 갚을 수 있는 능력이 없다고 판단되면 담보를 요구할 수도 있다. 담보는 은행에 돈을 갚지 못할 경우 대출금과 비슷한 가치를 가진 부동산 등을 은행에 준다고 약속하는 것이다. 사람들이 많이 이용하는 것은 '주택담보대출'인데, 단어 그대로 갖고 있는 집을 담보로 은행에 돈을 빌리는 것이다. 은행에 빌린 돈을 갚지 못하면 갖고 있는 집을 은행에 준다는 약속하는 것이다.

돈을 어디에 보관하지? 8

조금씩 모아서 위기를 대비하자
ㅂ ㅎ

①부활   ②비행   ③보험

예상치 못한 변수의 파트너

　학원이 끝나고 집에 오는 길에 호연이는 스마트폰으로 동영상을 보면서 오고 있었어요. 그런데 이런 스마트폰을 손에 놓치는 바람에 바닥으로 떨어지면서 액정이 깨지고 말았어요. 속상한 마음에 울면서 집으로 돌아와서 부모님께 혼날 생각을 하면서 걱정하던 호연이에게 어머니가 괜찮다고 이야기하네요. 처음에 스마트폰을 살 때 이런 일을 대비해서 보험에 가입한 덕분에 적은 비용만 내서 휴대 전화를 고칠 수 있었어요.

　살다 보면 우리도 모르게 예상치도 못한 순간들이 찾아오게 돼요. 갑자기 자동차 사고가 난다거나 큰 병에 걸려 수술을 받고 병원에 입원할 때도 있어요. 또 비싸게 산 물건을 실수로 고장 내기도 하고 잃어버리기도 하죠. 이렇게 갑자기 큰돈이 필요한 상황을 대비해서 사람들은 보험에 가입해요. 보험은 어떤 일을 대비해서 여러 사람이 돈을 조금씩 모아두고 위급한 상황이 발생하면 그 사람에게 모아둔 돈을 주는 금융 상품이에요.

하지만 보험은 사건이나 사고가 발생하지 않으면 내가 낸 돈을 돌려주지는 않아요. 그래서 너무 많은 보험에 가입하는 것도 좋은 방법은 아니에요. 정말로 필요한 보험인지 아닌지 생각해 보고 비슷한 보험은 여러 개 가입하지 않는 것이 좋아요. 보통 보험 회사에서 돈을 주는 상황은 누군가 크게 다치거나 비싼 물건이 부서지는 것처럼 슬픈 상황이에요. 이렇게 슬픈 상황이 일어나지 않는 것이 가장 좋겠지만 사람 일을 어떻게 될지 아무도 모르죠. 따라서 혹시 모를 일을 대비해서 부담되지 않을 정도로 적당한 보험에 가입하는 것이 좋아요.

❁ 국민들의 건강을 지켜주는 건강 보험

병원에서 치료받고 결제할 때 생각보다 가격이 저렴한 경우가 많다. 이는 국가에서 국민들을 건강 보험에 가입시키기 때문이다. 건강 보험은 우리가 병원에 가서 치료받을 때 치료비의 일정 부분을 나라에서 지원해 주는 제도이다. 덕분에 가난한 사람들도 누구나 저렴한 비용으로 치료를 받아서 인간다운 생활을 누릴 수 있다. 하지만 건강 보험 제도가 없어서 가난한 사람들이 병원에서 치료받을 수 없는 나라도 많다. 실제로 미국에서 치과 치료를 받을 때는 건강 보험이 적용되지 않아 한국에 와서 치료받는 사람들도 많다.

4장
용돈으로 또 뭐하지?

용돈으로 또 뭐하지? ①
이익을 위해 시간이나 돈을 쓰는 것 ㅌ ㅈ

①타자 ②투자 ③통장

미래를 위해 투자할 거야!

　오랜만에 친척들과 가족 모임에 참석한 아임이는 삼촌에게 용돈을 받았어요. 갑자기 생긴 용돈 덕분에 기분이 좋아진 아임이는 삼촌이 왜 용돈을 주는지 궁금했어요. 알고 보니 삼촌이 이번에 투자한 인공지능 회사가 크게 성장해서 많은 돈을 벌었대요. 인공지능 회사가 성장했는데 돈을 벌었다는 이야기가 궁금해서 삼촌이 투자했다는 회사를 인터넷에서 찾아보았어요. 처음에는 작은 회사였지만 엄청난 기술을 개발해 회사가 성장했다는 뉴스를 보았어요. 삼촌은 이 회사를 다니지도 않는데 어떻게 돈을 번 것일까요?

　사람들은 각자 중요하게 생각하는 것이 달라요. 어떤 사람들에게는 돈이 될 수도 있고, 다른 사람들에게는 시간이 될 수도 있어요. 이렇게 각자 중요하게 생각하는 시간이나 돈을 이익을 목적으로 사용하는 것을 '투자'라고 해요. 아임이의 삼촌도 인공지능 회사가 가치가 있다고 생각해서 돈을 투자한 거예요. 보통 '투자'라고 말할 때는, 투자한 상품의 가격이 변하는 것을 주로 생각하고 말해요. 예를 들어 주식에 투자하면 주식의 가격이 오를 때 이익을 얻을 수 있어요. 식당에서 먹는 음식이나 문구류처럼 사용하면 그 가치가 떨어지는 상품을 구매할 때는 투자라고 하지 않아요. 주식, 부동산, 금 등 구매하고 나서도 그 가치가 오를 수도 있는 것을 구매할 때 투자라고 합니다. 투자는 사려고 하는 것의 가치를 보고 구매하는 행위지만 가끔 사람들은 가치를 중요하게 생각하기보다는 단순히 많은 돈을 벌기 위해 한꺼번에 투자한 뒤 이익이 나면 파는 경우도 있어요. 하지만 이런 투자는 현명한 투자라고 할 수 없어요. 투자할 때는 사려고 하는 대상이 충분히 가치가 있는지, 앞으로의 가능성은 어떤지 등을 공부하고 고민한 뒤에 결정하는 것이 좋습니다.

투자에 실패한 뉴턴

사과가 떨어지는 모습을 보고 만유인력의 법칙을 발견한 천재 과학자 뉴턴은 당시 영국에서 엄청난 인기를 모았던 한 회사에 투자하였다. 사람들이 너도나도 투자하기 시작하자 뉴턴은 많은 돈을 벌게 되었다. 하지만 욕심 때문에 돈을 많이 벌었음에도 다시 투자했고, 결국 회사의 주식이 하락하자 뉴턴은 투자한 돈을 잃게 되었다. 이렇게 천재 과학자도 투자에는 실패할 수 있다.

용돈으로 또 뭐하지? ②

회사를 만들어요 ㅊㅇ

① 취업　② 창업　③ 채용

어떤 회사를 만들어볼까?

　스티브 잡스, 마크 저커버그, 일론 머스크, 스티브 첸……. 혹시 이 사람들이 누구인지 알고 있나요? 아이폰을 만들어 세계 1등 기업이 된 애플, 페이스북으로 SNS 시대를 연 메타, 전기차 회사인 테슬라, 세계 최고의 동영상 커뮤니티인 유튜브……. 이렇게 세계에서 가장 큰 영향력을 행사하는 기업들의 시작을 연 창업가들입니다. 자신만의 아이디어를 가지고 제품이나 서비스를 판매하는 회사를 만드는 것을 창업이라고 해요. 작은 가게부터 큰 회사까지 자기 생각으로 만들면 모두 창업이 될 수도 있어요.

　창업은 보통 사람들이 불편함을 느끼는 것에서 생각을 시작하는 경우가 많아요. 우리 주변에서 한 번 찾아볼까요? 음료수나 물을 마실 때 사용하는 빨대 중에서 구부러지는 빨대가 있습니다. 원래 빨대는 이렇게 구부러지는 기능이 없었지만, 불편함을 느낀 누군가가 구부러지는 빨대를 만드는 회사를 창업하게 된 거예요. 구부러지는 빨대는 사람들에게 엄청난 인기를 끌었고 결국 창업자는 많은 돈을 벌게 되었습니다. 우리가 스마트폰으로 친구와 대화할 때 사용하는 카카오톡도 처음에는 문자 메시지로 대화하는 것이 불편해서 생각해 낸 아이디어로 창업한 회사예요. 이렇게 창업은 자기만의 기발한 아이디어를 상품이나 서비스로 만들어 판매하는 것을 말해요. 하지만 창업이 꼭 성공하는 사람들의 이야기만 있는 것은 아니에요. 내가 생각할 때 기발한 아이디어였지만 다른 누군가에게는 그 아이디어가 필요하지 않을 수도 있어요. 또 더 좋은 제품이 개발되어 내가 만든 제품이 잘 안 팔릴 수도 있고요. 하지만 창업을 위해 도전하는 정신은 매우 중요합니다. 비록 처음에는 성공하지 못하더라도 진심으로 열심히 노력한다면 나중에 빛을 볼 수 있을 거예요.

창업은 어른들만 하는 것일까?

창업은 꼭 어른들만 할 수 있는 것일까? 과거와는 달리 요즘에는 10대에 창업하는 청소년이 많다. 인터넷이 발달하여 과거와 다르게 누구나 집에서 아이디어와 자본금만 있으면 창업에 도전할 수 있기 때문이다. 10대 창업가들은 어른 창업가에 비해 경험은 적지만 청소년의 입장을 잘 이해할 수 있고, 학생들이 필요로 하는 것을 잘 알고 있어 창업에 성공하는 경우가 많이 늘어나고 있다.

용돈으로 또 뭐하지? ③
회사에 대한 권리 ㅈㅅ

① 자식　② 지식　③ 주식

나도 회사의 주인이에요!

한마을에 살던 과학자가 오랜 시간 연구한 끝에 드디어 하늘을 나는 자동차를 만들었어요. 이 자동차로 엄청난 돈을 벌 생각에 신이 났지만 과학자는 고민에 빠졌습니다. 자동차를 만들 수 있는 공장과 기계, 그리고 사람들을 구해야 하는데 과학자는 마땅한 돈이 없었어요. 그래서 과학자는 주변 사람들에게 자신이 개발한 기술을 보여주고 투자를 부탁했어요. 사람들은 과학자의 멋진 자동차를 보고 각자 가지고 있던 돈을 과학자에게 투자했어요. 대신 과학자는 돈을 준 사람들에게 이 자동차 회사의 공동 주인이 될 수 있는 권리를 약속하는 종이를 주었죠. 덕분에 과학자는 하늘을 나는 자동차 회사를 만들었고, 과학자에게 돈을 투자한 사람들도 회사가 벌어들인 돈을 같이 나눠 가지면서 부자가 되었어요.

여기에 주식의 비밀이 숨겨져 있어요. 주식이란 바로 과학자에게 돈을 투자한 사람들이 받은 종이에요. 주식은 회사에 대한 권리를 의미해요. 회사가 주식을 만들면 사람들은 돈을 주고 그 주식을 사게 돼요. 주식을 사게 되면 어떻게 될까요? 먼저 주식을 산다는 것은 그 회사의 주인이 된다는 의미예요. 회사의 주인이 되고 회사가 성장하면 가지고 있는 주식의 가격도 올라가요. 그 회사의 주인이 되려는 사람들이 많아지기 때문이죠. 또 회사가 벌어들인 돈에 대해서 조금씩 수익을 나눠 가지게 돼요. 하지만 주식은 회사가 위기를 맞이하거나 돈을 잘 벌지 못하면 내가 산 가격보다 낮은 가격까지 떨어질 수가 있어요. 그래서 사람들이 자신들이 산 회사의 주식이 오르면 기뻐하고 떨어지면 슬퍼하는 것입니다.

 주주들의 모임, 주주총회

어떤 회사의 주식을 하나라도 가지고 있다면 당연히 그 회사의 주인이 될 수 있다. 하지만 주식을 가지고 있는 사람들이 많다면 그 의견을 하나로 모으기는 어렵다. 그래서 회사에서는 회사의 중요한 일을 결정할 때 주주총회를 한다. 주주총회는 주식을 가지고 있는 사람들끼리 모여 결정하는 자리이다. 하지만 실제로 주식을 조금 가지고 있는 사람들은 거의 결정권이 없기 때문에 주주총회에는 잘 참석하지 않는다.

용돈으로 또 뭐하지? ④

회사의 빚 문서 ㅊㄱ

① 친권　② 채권　③ 취권

안전하게 돈을 투자해요

세계적인 투자자인 워렌 버핏을 알고 있나요? 열한 살의 어린 나이부터 주식 투자에 관심이 많던 워렌 버핏은 세계에서 가장 돈이 많은 사람 중 한 명입니다. 백만장자인 워렌 버핏은 말 그대로 주식 투자에 성공해서 부자가 되었어요. 성장 가치가 높은 회사를 잘 찾아서 투자한 것이죠. 그렇다면 워렌 버핏은 자기 재산을 다 주식에 투자하고 있을까요? 많은 사람이 워렌 버핏이 주식 투자로 성공한 사람이라 대부분의 돈을 주식에 투자할 것으로 생각하지만 실제로는 그렇지 않습니다. 물론 주식에도 많은 돈을 투자하고 있지만 채권에도 엄청난 돈을 투자하고 있어요. 워렌 버핏뿐만 아니라 세계적인 부자들도 자기 재산의 절반 정도를 채권에 투자하고 있어요.

채권은 돈을 빌려주는 문서입니다. 회사가 돈이 필요할 때 주식을 발행해서 돈을 모으는 방법도 있지만, 정말 큰돈이 필요할 때는 주식을 발행하기보다는 채권을 발행합니다. 사람들이 회사에서 발행한 채권을 사고 나중에 약속한 시각이 지나면 이자와 함께 돈을 찾아가게 됩니다. 회사에서 돈을 빌리기 위해 만든 것이지만 주식처럼 회사에 대한 지분을 나눠주지는 않아요. 채권은 주식처럼 사람들이 투자하는 상품 중에 하나예요. 주식은 회사의 성장에 따라 가격이 오르고 내리지만 채권은 비교적 안정적이에요. 그래서 높은 수익률을 얻을 수는 없지만 자기 돈을 안전하게 지킬 수 있는 장점이 있습니다. 채권은 이러한 성격 때문에 회사에서만 만들지 않아요. 나라나 공공기관에서 큰돈이 필요할 때 기업이나 사람들을 상대로 채권을 발행합니다. 이때 나라에서 발행한 채권은 국채, 지방 자치 단체에서 발행한 채권은 지방채라고 합니다.

채권에도 등급이 있다.

채권은 돈을 빌리는 대상이 있다. 하지만 돈을 빌려 간 대상이 약속한 시각이 다 되었을 때 확실하게 돈을 갚을 수 있어야 사람들이 믿고 채권을 살 수 있다. 따라서 채권에는 돈을 빌리는 대상이 안전한지를 구분하는 등급이 있다. 보통은 AAA 등급부터 D 등급까지로 분류하는데, AAA에 가까울수록 채권을 발행한 회사나 국가의 경제력이 탄탄하여 안전하다고 평가받는다.

용돈으로 또 뭐하지? 5
다른 사람들과 돈을 모아요
ㅍ ㄷ

① 푸드　② 펀드　③ 패드

우리 돈을 모아서 같이 사볼까?

상민이네 학교 앞에 피자 가게가 새로 생겼어요. 평소에도 피자를 매우 좋아하던 상민이는 피자를 먹고 싶었지만 한 판당 가격이 너무 비싸서 계속 고민 중이었어요. 고민 끝에 친구들과 함께 각자 가지고 있는 용돈을 모아서 피자를 한 판 주문하고 나눠 먹었습니다. 상민이와 친구들의 이야기 속에는 펀드의 비밀이 숨어 있습니다. 펀드가 뭐냐고요? 상민이와 친구들이 피자를 사기 위해 같이 돈을 모으는 것처럼 여러 사람이 돈을 모아서 같이 무언가에 투자하는 것을 펀드라고 해요.

사람들이 주식에 돈을 투자할 때는 위험한 상황이 발생할 수 있어요. 예를 들어 내가 잘 모르는 회사에 투자를 하거나 다른 일을 하느라 바빠서 회사가 어떻게 변해가는지 알기 어려울 때가 많아요. 그러다 보니 직접 주식을 사고팔 때 돈을 잃을 수도 있어요. 이러한 고민을 한 사람들을 위해서 펀드라는 상품이 탄생했어요. 펀드는 내가 직접 투자하는 것이 아니라 다른 사람을 통해서 주식에 투자하는 것을 말해요. 여러 사람이 같이 펀드에 돈을 모으게 되면 펀드 매니저라는 사람이 대신 여러 회사의 주식을 사거나 파는 일을 하죠. 일반 사람들보다 주식 공부를 더 많이 하는 펀드 매니저에게 돈을 맡기면 아무래도 주식을 잘 모르는 사람들보다는 안전하게 투자할 수 있다는 장점이 있어요. 펀드 매니저는 사람들의 돈을 모아서 여러 회사의 주식을 사고파는 일을 해준 뒤 벌어들인 돈을 다시 사람들에게 나눠주는 역할을 하고 수수료를 받아요.

기발한 아이디어를 현실로 만들어주는 펀딩

사람들의 생활을 아주 편리하게 만들어주는 기발한 아이디어들은 가끔 돈이 부족해서 상품으로 만들지 못하고 사라지는 경우가 많다. 은행에서 돈을 빌려서 회사를 만드는 것도 좋은 방법이지만 은행에서 대출을 해주지 않으면 아이디어를 낸 사람들은 돈을 구할 곳이 마땅치 않다. 이때 펀딩을 이용하면 그 문제를 해결할 수 있다. 사람들에게 아이디어를 설명하고 미리 돈을 투자받아서 제품을 만든 뒤 그 사람들에게 제공하는 방법이다. 최근에는 이렇게 펀딩을 이용해서 세상에 없던 다양한 아이디어 상품들이 많이 만들어지고 있다.

용돈으로 또 뭐하지? 6
움직일 수 없는 재산 ㅂ ㄷ ㅅ

① 바다산 ② 부동산 ③ 변동성

아파트도 사고 판다고요?

　아파트의 단지 앞이나 상가에는 다양한 가게들이 들어와 있습니다. 편의점, 분식점, 아이스크림 가게, 세탁소, 영어 학원 등 다양한 가게들이 모여 있는 것을 볼 수 있죠. 이런 가게들 사이에서 '부동산', '공인중개사'라고 적힌 가게들을 본 적이 있나요? 한 곳도 아니고 여러 곳이나 되는 이 가게들은 무엇을 판매할까요?

　돈, 혹은 돈을 바꿀 수 있는 가치가 있는 모든 것들을 합쳐서 '재산'이라고 해요. 현금이나 은행에서 가입한 금융 상품, 내가 구입한 회사의 주식이나 채권, 살고 있는 집, 자동차 또는 비싼 가격의 보석 등을 모두 재산이라고 합니다. 이 중에서 움직일 수 없는 재산을 不(아닐 부) 動(움직일 동) 産(낳을 산), 즉 부동산이라고 합니다. 그럼 어떤 재산이 움직일 수 없는지 살펴볼까요? 자동차나 보석 또는 현금은 우리가 쉽게 들고 움직일 수 있어요. 은행에서 가입한 금융 상품이나 회사의 주식, 채권도 눈에 보이지 않을 뿐 원래는 다 통장이나 종이 문서였기 때문에 움직일 수 있어요. 하지만 여러분이 살고 있는 집, 학원이 있는 상가 건물, 농사를 짓는 땅은 움직일 수 없겠죠? 이러한 재산들을 모두 합쳐서 부동산이라고 해요. 부동산은 중요한 재산 중에 하나지만 특히 우리나라 사람들에게는 아주 중요한 재산입니다. 우리나라 대부분의 사람은 이 부동산에 자신의 많은 재산을 투자하기 때문이에요. 부동산은 다른 재산과 다르게 우리가 생활에 이용할 수 있다는 장점이 있습니다. 주식을 가지고 있다고 해서 당장 나의 생활이 달라지지 않지만, 부동산은 우리가 먹고 잘 수 있는 생활 공간의 역할도 해주기 때문이죠.

❁ 부동산 거래를 도와주는 공인중개사

부동산은 다른 재산과 달리 거래할 때 사용되는 돈의 액수가 매우 크다. 이런 이유로 부동산을 거래할 때는 다양한 서류를 준비하고 많은 조건을 확인해야 한다. 서로 잘 모르는 사람들끼리 이런 거래를 할 경우 큰 실수를 할 수 있기 때문에 중간에서 부동산 거래를 도와주는 사람이 필요했고, 그들이 바로 공인중개사이다. 공인중개사는 부동산을 팔려는 사람과 사려는 사람을 연결해 주고, 서로의 거래가 문제없이 잘 이뤄지도록 도와주는 역할을 한다.

용돈으로 또 뭐하지? 7

빌려서 사용하는 것 ㅇㄷ

① 안대   ② 의대   ③ 임대

빌려갈 땐 꼭 대가를 지불해야지.

 오늘은 미술 수업이 있는 날이에요. 준비물로 물감과 붓을 챙겨야 하는데 다인이는 깜박하고 집에 준비물을 놓고 왔어요. 어쩔 수 없이 짝꿍인 혜인이에게 물감을 빌려달라고 부탁했어요. 혜인이는 준비물을 빌려주는 대신 다인이에게 사탕 한 개를 달라고 했어요. 다인이는 혜인이에게 사탕을 주고 물감을 빌려서 무사히 미술 수업에 잘 참여할 수 있었어요. 혹시 다인이와 비슷한 경험을 해 본 친구들 있나요? 이렇게 다인이처럼 자신에게 필요한 것을 일정한 대가를 치르고 빌려서 사용하는 것을 '임대'라고 해요. 사람들은 다양한 상품을 임대해서 사용합니다. 컴퓨터, 휴대 전화, 책 등 자신이 직접 물건을 소유하지 않고 빌려서 사용하기를 원할 때 임대를 통해 돈을 내고 물건을 사용하게 돼요.

 임대는 꼭 이런 물건에만 해당하는 것이 아니에요. 우리가 살고 있는 아파트나 카페를 차리기 위해 필요한 상가와 같은 부동산도 임대를 통해서 사용하기도 해요. 특히 아파트는 우리나라 사람 중 절반 정도가 직접 사지 않고 다른 사람의 집을 일정한 기간 빌려서 사용하고 있다고 해요. 아파트를 이렇게 임대해서 사용하는 방법에는 크게 두 가지가 있는데, 일정한 기간 큰돈을 집주인에게 내고 기간이 끝나면 다시 돌려받는 전세가 있고, 매달 조금씩 집을 빌리는 비용을 집주인에게 지불하는 월세가 있어요. 이렇게 임대해서 살게 되면 이사 가고 싶을 때 쉽게 옮길 수도 있고, 매매하는 것보다 적은 돈으로 아파트에 살 수 있는 장점이 있지요. 하지만 아파트의 가격이 상승하면 내야 하는 임대료도 높아질 수 있고, 집주인의 의견을 따라야 한다는 불편함도 있어요. 따라서 상황에 맞게 매매할지 임대를 할지 충분히 고민하고 판단하는 것이 중요합니다.

번호판에 숨겨진 비밀

도로 위를 지나가는 자동차의 번호판을 유심히 살펴보면 일부 자동차의 번호판에 '하', '허', '호' 같은 글자가 적힌 번호판을 볼 수 있다. 이러한 번호판을 사용하는 자동차들의 공통점도 임대에 있다. 이렇게 '하', '허', '호' 글자가 적힌 자동차는 자신이 직접 구매한 자동차가 아니라 다른 사람에게 돈을 내고 빌린, 즉 임대한 자동차다. 이는 나라에서 자동차의 번호판으로 사용 목적을 구분하기 위해 만든 일종의 장치이다.

용돈으로 또 뭐하지? 8

구입할 수 있는 권리 ㅊㅇ

① 청약 ② 채용 ③ 추억

행운을 가져다준다는 네잎클로버 이벤트가 오늘 열린다고 했지? / 응응!! 손에 들어오면 모든 일이 술술 풀린대!	바글 바글 / 우와 사람들 정말 많다!! / 이쪽으로 따라와~ 이벤트 참여하려면 청약 번호를 받아야 해!
두구 / 제발 내가 뽑혔으면! / 제발.. 제발!! / 62 / 63	63번 축하드립니다! / 끼얏호! 나야 나! / 63 / 첫.. 아깝군 / 62

3화 ① 유하

구울날 ☆ 않는 굳리기 유하

145

당첨된다고 주는 건 아니에요!

　주아네 동네에 아주 유명한 쿠키 가게가 생겼어요. 신선한 재료로 쿠키를 만드는 이 가게에서는 하루에 쿠키를 딱 백 명에게만 판매한다고 해요. 쿠키를 사기 위해 주아는 가게가 열리는 시간에 맞춰 찾아갔어요. 그런데 벌써 사람들이 줄을 길게 서 있네요. 살 수 있을까 기다리고 있었는데 가게 주인이 주아에게 번호표를 주고는 번호표를 받은 사람은 조금 있다가 오면 쿠키를 살 수 있다고 하네요. 주아는 번호표를 받은 덕분에 맛있는 쿠키를 먹을 수 있었답니다. 오늘 주아와 쿠키 가게 이야기 속에는 '청약'의 비밀이 숨어 있어요. 청약은 살 수 있는 권리를 말해요. 사람들이 원하는 물건이나 재화는 한정되어 있기 때문에 모든 사람이 다 구입할 수는 없어요. 그렇다고 비싼 값을 치르는 사람에게 모두 다 판매하게 되면 돈이 부족한 사람들은 불편함을 느끼겠죠. 그래서 종종 어떤 재화나 서비스에 대해서는 청약을 통해서 판매할 수 있는 사람을 나눠요. 청약을 통해서 여러 사람에게 기회를 주기 위함이죠.

대표적으로 청약을 많이 이용하는 곳은 아파트예요. 아파트 건설 회사는 나중에 지을 아파트를 구매할 사람들을 미리 모집해요. 이렇게 청약에 당첨된 사람들은 나중에 아파트를 살 수 있는 권리를 받게 됩니다. 아파트와 같은 부동산뿐만 아니라 주식에도 청약이 있어요. 새롭게 주식 시장에 등록하는 회사들은 등록하기 전에 사람들에게 자신의 회사 주식을 판매하려고 해요. 이렇게 청약에 당첨된 사람들은 주식이나 아파트를 구매할 수 있는 권리를 가지게 되죠. 하지만 청약이 무조건 좋은 것은 아니에요. 청약에 당첨되어도 사려고 하는 가격이 나중에 떨어지면 손해를 볼 수도 있고 미리 약속을 하는 것이라 나중에 상황이 바뀌면 결정을 후회할 수도 있어요.

아파트 청약에 당첨되려면 어떻게 해야할까?

아파트 청약은 로또라는 말이 있듯이 많은 사람들이 아파트 청약에 당첨되길 원한다. 아파트 청약에 도전하려면 청약 통장이 반드시 있어야 한다. 청약 통장은 초등학생도 만들 수 있다. 청약 통장을 만들고 나서는 꾸준히 돈을 넣는 것이 중요하다. 청약 당첨에 도전하기 위해선 모은 금액도 중요하지만 얼마나 꾸준히 돈을 저축했는지가 더 중요하기 때문이다.

5장 돈이 변해요!

돈이 변해요! ①

전체적인 물건의 가격 ㅁㄱ

① 매가　② 물가　③ 민가

가격이랑 뭐가 다를까?

　학교 앞에 붕어빵 아저씨가 왔다는 소식을 듣고 친구들이 달려갑니다. 1,000원짜리 지폐를 들고 붕어빵을 사려고 가보니 원래 1,000원에 세 마리 하던 붕어빵이 이제는 천 원에 두 마리로 바뀌었네요. 다들 붕어빵 세 개를 먹을 수 있을 거라고 기대하였지만 아쉬운 마음으로 두 개만 사서 돌아왔어요. 집에 돌아와서 인터넷을 찾아보니 요즘 물가 상승 때문에 붕어빵 가격도 올랐다는 뉴스가 보였어요.

　물가는 시장에서 거래되는 평균적인 물건의 가격이에요. 아이스크림 가게에서 각각 1,000원, 1,500원, 2,000원으로 정해진 것은 '가격'이고, 전체 시장에서 거래되는 아이스크림의 가격을 평균낸 값을 아이스크림 물가라고 해요. 예를 들어서 아이스크림 물가가 올라갔다고 하면 대부분의 아이스크림 가격이 다 오른 것이고, 반대로 물가가 내려갔다고 하면 대부분의 아이스크림 가격이 내려간 것이에요. 이렇게 아이스크림 물가처럼 특정 물가를 나타낼 때 사용하기도 하지만, 보통 물가라고 하면 시장에서 거래되는 모든 물건의 평균적인 가격을 의미해요. 그래서 뉴스에서 물가가 올라갔다고 이야기하면 채소, 과일, 고기, 전자제품 등 대부분의 물건 가격의 평균이 상승했다는 것을 의미해요. 물가는 딱 정해져 있지 않아요. 때에 따라서 올라가기도 하고 내려올 수도 있어요. 사람들은 물가가 올라가면 자신이 가진 돈으로 살 수 있는 물건의 수가 적어져서 힘들어 해요. 하지만 동시에 가지고 있는 주식이나 부동산의 가격도 같이 올라가기 때문에 좋아하는 사람들도 있어요. 물가가 이렇게 달라지면 돈의 가치도 같이 달라지게 돼요.

❁ 붕어빵이 점점 비싸지는 이유

과거에는 1,000원으로 네 개까지 사 먹을 수 있었던 붕어빵이 이제는 두세 개밖에 사 먹을 수 없다. 붕어빵에 사용하는 팥과 밀가루의 가격이 올라서 더 이상 붕어빵을 싼 가격에 팔 수 없기 때문이다. 어쩔 수 없이 붕어빵을 판매하는 사람들도 붕어빵의 가격을 올릴 수밖에 없게 된 것이다. 이렇게 점점 올라가는 재료비 때문에 붕어빵 장사를 그만두는 사람들이 많아지면서 붕어빵을 파는 곳이 많이 사라지게 되었다.

돈이 변해요! 2

물가가 상승해요
ㅇㅍㄹㅇㅅ

① 에프레이션　② 이프레이션　③ 인플레이션

물가가 올라서 살 수가 없네!

　졸업식이나 입학식 등 특별한 날 가족들과 먹고 싶은 음식은 무엇인가요? 스테이크, 삼겹살, 피자, 치킨 등 여러분이 좋아하는 음식을 먹고 싶을 거예요. 하지만 예전에는 외식 문화가 발달하지 않아서 특별한 날엔 보통 짜장면을 먹으러 갔어요. 1990년쯤 짜장면의 가격은 1,000원 정도였어요. 지금은 짜장면의 가격이 많이 올라 6,000원쯤 지출해야 먹을 수 있는 음식이 되었어요. 짜장면은 그대로 똑같은 음식이지만 1,000원에서 6,000원까지 가격이 엄청나게 올랐어요. 이렇게 물가가 오르는 현상을 '인플레이션'이라고 해요.

　인플레이션이 일어나는 이유는 수요와 공급의 문제 때문에 발생해요. 물건을 구매할 수 있는 돈을 가지고 있는 사람들이 많아지지만 그만큼 시장에 공급이 충분하지 않다면 물가가 오르게 됩니다. 또 물건을 만드는 데 필요한 재료비나 인건비가 올라가면 물건의 가격도 올라가게 되지요. 짜장면의 옛 가격인 1,000원은 과거에는 가치가 높았지만, 요즘은 그 가치가 매우 낮습니다. 짜장면에 들어가는 밀가루나 다른 재료의 가격도 올라갔기 때문에 짜장면 가격도 올라갔어요. 물가가 상승하는 인플레이션이 발생하면 사람들은 매우 힘들어해요. 회사에서 받는 월급은 그대로인데 가게나 식당에서 내야 하는 돈은 점점 많아지기 때문에 예전보다 살 수 있는 물건들이 줄어들죠. 물가가 올라간다는 뉴스가 나오면 어른들의 표정이 안 좋아지는 것도 이런 이유 때문입니다. 인플레이션이 물가가 올라간다고 할 때 사용하는 단어라면, 반대로 물가가 떨어질 때는 뭐라고 부를까요? 인플레이션의 반대말은 디플레이션입니다. 디플레이션은 인플레이션과 반대로 물가가 떨어질 때를 의미합니다. 인플레이션과 디플레이션 모두 어려운 단어지만 꼭 알아두어야 합니다.

☆ 인플레이션은 무조건 안 좋을까?

물가가 상승한다는 이야기는 돈의 가치가 떨어진다는 의미에서 부정적인 일처럼 보일 수 있다. 하지만 모든 사람에게 안 좋은 일은 아니다. 물가가 올라갈 때 자신이 가지고 있는 아파트나 물건의 가격도 같이 올라가기 때문이다. 예를 들어 1억 원에 구입한 주택이 물가가 상승하여 2억 원이 되었다면 물가가 상승한 덕분에 1억 원이나 되는 돈을 벌어들이게 된 것이다.

돈이 변해요! 3

나라와 나라 사이의 거래
ㅁ ㅇ

① 미역   ② 모욕   ③ 무역

다른 나라의 물건을 살 수 있어요!

자동차나 비행기의 연료를 채우거나 플라스틱처럼 우리 생활에 필요한 물건을 만들기 위해 꼭 필요한 것은 무엇일까요? 바로 석유입니다. 플라스틱이나 옷을 만들 때 외에도 우리의 일상생활에서 석유는 아주 중요한 자원입니다. 하지만 우리나라는 석유가 나오지 않아요. 그렇다면 우리나라처럼 석유가 나오지 않는 나라는 어떻게 하는 게 좋을까요?

지구상에는 수많은 나라들이 있어요. 나라마다 가지고 있는 자연환경과 기술은 모두 다릅니다. 과거에는 각 나라에 있는 자원만 사용하였지만, 시대가 바뀌면서 다른 나라의 자원이나 물건들이 필요해지기 시작했어요. 그래서 각자 필요한 물건이나 자원을 다른 나라에서 사고 팔기도 했죠. 이렇게 나라와 나라 사이에서 서로 가지고 있는 자원이나 물건을 거래하는 것을 '무역'이라고 해요. 우리나라는 석유가 나오는 자연환경이 아니기 때문에 석유가 필요할 경우 사우디아라비아처럼 석유가 많이 나오는 나라에서 무역을 통해 사서 가지고 와야 해요. 반대로 우리나라는 반도체 기술을 가지고 있기 때문에 스마트폰이 필요한 다른 나라에 물건을 팔 수 있어요. 무역할 때는 다른 나라로부터 물건을 사 오거나 우리나라의 재화나 서비스를 다른 나라에 판매할 수 있어요. 이때 다른 나라에서 물건을 사 오는 것을 수입이라고 합니다. 반대로 다른 나라에 우리나라의 물건을 판매하는 것을 수출이라고 해요. 우리나라는 땅이 좁아서 자연환경에서 얻을 수 있는 천연자원이 부족해요. 그래서 주로 석유, 석탄, 천연가스와 같은 천연자원을 다른 나라에서 수입합니다. 한편 우리나라는 반도체, 자동차, K-팝 등이 유명하기 때문에 다른 나라에 수출을 많이 하고 있어요.

무역전쟁은 어떤 전쟁일까?

2018년 미국과 중국의 무역 전쟁으로 세계 경제가 혼란에 빠졌다. 나라끼리 무역을 할 때 다른 나라에서 수입하는 물건에 세금을 붙이게 되는데 이걸 '관세'라고 한다. 2018년 당시 미국과 중국은 서로 각 나라의 관세를 높게 올려서 무역을 할 때 들어가는 비용을 높게 올린 사건이 있었다. 이렇게 무역을 이용해서 상대 나라를 공격할 때 무역전쟁이라는 단어를 붙인다.

돈이 변해요! ④
미국 돈의 이름 ㄷㄹ

① 달라 ② 딜러 ③ 달러

미국의 돈, 달러!

혹시 우리나라의 화폐 단위의 이름 기억하나요? 우리나라 화폐 단위는 '원'이었어요. 그렇다면 혹시 '달러'라는 화폐 단위를 사용하는 나라는 어디일까요? 바로 세계 경제 대국인 미국입니다. 우리나라의 '원'처럼 미국에서는 '달러'라는 화폐 단위를 사용하고 있습니다. 미국에서 물건을 거래할 때는 달러를 사용해야 해요.

우리나라는 1,000원부터 지폐를 사용하지만, 미국은 1달러부터 지폐로 되어 있어요. 미국 지폐는 여덟 종류지만 실제로 사용하는 것은 1, 2, 10, 100달러 지폐예요. 미국의 달러를 보면 앞면에는 미국의 대통령이나 장관 중 국민들이 존경하는 인물이, 그리고 뒷면에는 미국을 대표하는 장소가 그려져 있어요. 미국의 초대 대통령인 조지 워싱턴과 노예 해방을 이끈 에이브러햄 링컨 등이 지폐의 주인공이죠.

미국의 달러는 특별한 화폐예요. 미국의 달러를 갖고 세계 여러 나라에서 물건을 사려고 한다면 생각보다 쉽게 계산할 수 있어요.

그 이유는 미국의 달러가 각 나라마다 다른 화폐 중 기준이 되는 '기축 통화'의 역할을 하기 때문이에요. 기축 통화란 나라와 나라 사이의 금융 거래에서 기본이 되는 화폐 단위를 말하는데, 그 대표적인 것이 바로 미국의 달러예요. 그래서 미국의 달러를 가지고 세계 여행을 떠나면 대부분 나라의 공항이나 백화점에서 물건을 결제할 때 사용할 수 있죠. 이렇게 미국의 달러는 다른 나라의 화폐들과 다르게 특별한 힘을 가지고 있답니다.

달러를 사용하는 다른 나라들

미국처럼 화폐 단위를 달러로 사용하는 나라들이 있다. 홍콩, 호주, 싱가포르, 캐나다 등의 화폐 단위도 달러이다. 하지만 모두 달러를 사용하다 보니 어떤 나라의 화폐인지 헷갈릴 수가 있어서 앞에 어떤 나라의 달러인지 붙여서 사용한다. 미국 달러, 캐나다 달러, 호주 달러 등 이렇게 달러 앞에 나라 이름을 붙여서 사용하는 것이다. 하지만 달러라는 이름을 사용한다고 해서 가치가 같거나 같은 모양의 지폐를 사용하는 것은 아니다. 단순히 화폐 단위의 이름을 달러로 사용하는 것이다.

돈이 변해요! ⑤
돈과 돈의 교환 비율 ㅎ ㅇ

① 환율 ② 효율 ③ 항의

한국 돈과 미국 돈은 달라 용돈① 환전

100달러는 몇 원이지?

    오늘은 진서가 해외여행을 가는 날이에요. 진서와 진서 가족은 다 같이 미국에 있는 뉴욕으로 여행을 떠나기로 했어요. 옷, 세면도구, 여권, 휴대 전화 등 완벽한 여행을 위해 진서가 열심히 준비물을 확인하면서 챙겼어요. 모든 준비를 마치고 비행기를 타기 위해 공항으로 가려는데, 진서가 깜빡하고 준비 못한 게 있네요. 미국에서 식당을 가거나 선물을 살 때 필요한 미국 화폐를 아직 준비하지 못했어요. 다행히 공항에는 우리나라의 화폐를 미국 화폐로 바꿀 수 있는 은행이 있다고 합니다. 그런데 진서가 모은 용돈 10만 원을 미국 화폐인 달러로 바꾼다면 얼마로 바꾸는 것이 맞을까요? 10만 원이니까 10만 달러로 바꾸는 것이 맞을까요? 진서가 은행에 10만 원을 보여주니 친절한 은행 직원이 74달러를 주었습니다(2024년 2월 기준).

    세계 여러 나라에서는 각자 자기만의 화폐 단위를 가지고 있습니다. 각 나라의 화폐 단위는 서로 그 가치도 매우 다르죠. 예를 들어 우리나라에서는 100원으로 작은 사탕 하나 정도 살 수 있겠지만, 미국에서 100달러는 네 명이 맛있는 저녁 식사를 할 수 있는 정도입니다. 서로 사용하는 단위도 다르고 가치도 다르기 때문에 각 나라에서 쓰는 화폐 단위로 바꿀 때는 일정한 비율에 맞게 바꿔야 해요. 이렇게 다른 화폐끼리 교환할 때 사용하는 비율을 '환율'이라고 하고, 화폐끼리 환율에 맞게 교환하는 것을 '환전'이라고 합니다. 환율은 각 나라의 화폐 가치가 올라가고 떨어지는지에 따라 함께 움직여요. 우리나라의 돈을 다른 나라의 돈으로 바꿀 때는 꼭 이 환율에 맞게 바꿔야 해요. 환율은 우리나라의 돈을 다른 나라의 화폐로 바꿀 때 어느 정도로 바꿔야 하는지 알려주는 역할을 해요.

같은 햄버거인데 어디가 더 비쌀까?

세계적인 햄버거 브랜드인 맥도날드의 대표 메뉴 빅맥은 우리나라에서는 약 5,000원 정도에 판매되고 있다. 하지만 미국에서 같은 맥도날드 햄버거 빅맥을 구입하려면 약 6달러 정도를 내야 한다. 그렇다면 미국에서 빅맥을 먹는 것과 한국에서 빅맥을 먹는 것 중에서 어느 곳이 더 비쌀까? 환율을 이용해 계산해 보면 6달러는 우리나라 돈으로 약 7,500원 정도이므로 한국에서 빅맥을 먹는 것이 조금 더 저렴하다고 할 수 있다.

돈이 변해요! 6
나라에 내는 돈 ㅅㄱ

① 성금　② 선금　③ 세금

우리 생애 두 번째 세금

 세금

우리 모두를 위해 꼭 내야 해!

학교에서 급식을 먹거나 교실에서 생활할 때 돈을 내는 친구들 있나요? 불이 난 집에 소방관과 소방차가 오거나 우리를 안전하게 지켜주는 경찰과 군인들을 위해 돈을 내는 친구들 있나요? 학교에서 급식을 먹거나, 경찰과 군인들이 우리와 나라를 지킬 때는 많은 돈이 들어가지만, 매번 직접 돈을 내지는 않아요. 바로 세금으로 그 돈을 내기 때문이에요. 세금은 나라에서 우리에게 제공하는 모든 공공 서비스를 유지하기 위해 필요한 돈이에요.

국민들이 열심히 일한 돈으로 세금을 냅니다. 정부는 이렇게 걷은 세금을 나라가 잘 운영되도록 다양한 곳에 사용해요. 나라를 위해 일을 하는 대통령, 국회의원, 공무원 등과 같은 사람들에게 월급을 주기도 하고, 고속도로나 기차, 공항처럼 모든 사람이 이용하는 시설을 짓는 데 사용합니다. 또 몸이 아프거나 돈이 없어서 힘들고 가난한 사람들이 생활할 수 있도록 도와주기도 하고요. 이렇게 세금은 우리의 생활을 편리하게 하도록 다양한 곳에 사용되고 있어요.

학교에서도 다양한 곳에 세금이 사용돼요. 점심시간에 먹는 맛있는 급식, 교실에서 사용하는 책상과 의자, 공부할 때 사용하는 교과서와 학습지를 비롯한 다양한 학습 준비물까지 우리 주변에서도 세금이 사용되는 곳을 쉽게 찾을 수 있습니다.

세금은 종류에 따라서 조금씩 달라져요. 돈을 벌게 되면 내야 하는 소득세, 죽을 때 재산을 물려주면 내야 하는 상속세, 회사를 운영하면서 내야 하는 법인세뿐만 아니라 자동차세, 주민세, 재산세 등 다양한 곳에서 세금을 걷어갑니다. 이렇게 걷힌 세금으로 우리가 다양한 공공 서비스를 무료로 이용할 수 있지요.

초등학생도 세금을 낸다?

세금이라고 하면 어른들만 낸다고 생각할 수 있지만, 초등학생도 세금을 내고 있다. 바로 물건을 살 때 부과되는 세금인 부가가치세이다. 부가가치세란 물건을 살 때 내야 하는 세금인데, 물건을 구매한 후에 영수증을 보면 우리가 지불한 물건의 가격의 10%를 세금으로 내고 있는 것을 확인할 수 있다.

돈이 변해요! 7
추첨을 통해 상금을 준다
ㅂ ㄱ

① 비급   ② 복권   ③ 벙긋

두근두근 당첨될까요?

 혹시 로또 1등에 당첨된다면 가장 먼저 하고 싶은 것은 무엇인가요? 부모님께 멋진 자동차 선물하기, 내가 먹고 싶고 사고 싶은 것 마음껏 사기, 어려운 이웃을 위해 기부하기 등 각자 원하는 것이 다를 거예요. 누구나 한 번쯤은 상상해 보지만 현실에서는 되기 힘든 로또 1등 당첨, 당첨 금액은 평균적으로 약 10억 원 정도 된다고 합니다. 10억이면 정말 어마어마하게 큰돈이죠?

 사람들이 이렇게 로또 1등을 기대하며 매주 구매하는 것이 바로 '복권'입니다. 복권의 종류는 여러 가지 있지만 가장 많이 구입하는 것은 로또라고 합니다. 로또는 45개의 숫자 중에서 추첨이 되는 여섯 개의 숫자를 맞추는 복권입니다. 1~45의 숫자 중에서 무작위로 뽑는 여섯 개의 숫자를 모두 맞추면 1등에 당첨되게 돼요. 하지만 여섯 개 숫자를 모두 맞출 확률은 약 800만 분의 1로 매우 낮다고 해요. 길을 걷다가 벼락에 맞을 확률이 600만 분의 1이라고 하니 엄청나게 힘들겠죠? 대신 확률이 낮은 만큼 당첨되면 10억이나 되는 큰돈을 받을 수 있어요. 로또라는 단어도 이탈리아어의 행운에서 유래된 단어인 만큼 당첨되면 정말로 행운이겠죠. 복권은 로또 외에도 당첨되면 오랜 시간 동안 돈을 나눠서 주는 연금 복권과 복권 종이를 긁어서 당첨을 확인하는 즉석 복권도 있어요. 연금 복권은 20년 동안 매달 700만 원씩 받을 수 있고, 즉석 복권은 2억 원에서 10억 원까지 당첨금이 달라요. 복권은 한 번에 1,000원에서 5,000원 정도면 구매할 수가 있어요. 이렇게 적은 돈을 가지고 운에 맡겨서 큰돈을 벌 수 있기 때문에 도박이나 불법이라는 안 좋은 인식도 있어요. 그러나 복권은 우리나라 정부에서 관리하는 사업 중 하나로 법에 위배되지 않는 정당한 사업이랍니다.

✫ 1등이 없으면 어떻게 될까?

우리나라의 복권 중에 가장 대표적인 로또 복권은 1등에 당첨되기가 매우 어려워 간혹 1등 당첨자가 없는 경우가 있다. 이럴 땐 한 번까지는 다음 추첨으로 돈이 넘어가게 된다. 지난 추첨에서 1등이 나오지 않았다면 그 다음 추첨에서 1등된 사람이 모든 당첨금을 받아갈 수 있게 된다. 하지만 두 번 연속 1등 당첨이 나오지 않는다면 아래 등수 사람들에게 돈을 나눠서 지급한다.

돈이 변해요! 8

돈을 벌 수 없을 때 받는 ㅇㄱ

① 연구　② 원금　③ 연금

나중을 위해서 꼭 필요한 돈

　강민이는 커서 선생님이 되는 게 꿈이에요. 아이들과 함께 학교에서 즐겁게 생활하는 선생님의 모습을 보고 선생님이 되기로 마음을 먹었어요. 그렇게 선생님의 꿈을 가지고 있던 강민이는 문득 궁금해졌습니다. 선생님은 몇 살까지 할 수 있는지 그리고 나이가 많아져서 일을 할 수 없을 땐 어떻게 돈을 벌어야 할지 고민이 생겼어요. 궁금한 마음에 인터넷을 검색해 보니 선생님은 만 62세까지 할 수 있다고 나와 있네요. 그렇다면 그 나이가 지나면 어떻게 돈을 벌고 생활해야 할까요?

　사람은 누구나 시간이 지나면서 나이를 먹어요. 처음에는 나이가 들수록 몸도 커지고 힘도 세지겠지만 나중에는 점점 늙어가면서 일을 할 수 없는 상태가 됩니다. 일을 할 수 없게 되면 돈을 벌 수 없기 때문에 미리 저축을 준비하지 못하면 남은 인생을 살아가는 데 매우 힘들 수가 있어요. 이렇게 나이 든 사람을 위해 나라에서 미리 보험처럼 돈을 저축해 두었다가 나중에 나눠서 주는 제도를 '연금'이라고 해요. 연금은 일을 하면 강제로 가입해야 해요. 연금에 가입하고 싶지 않더라도 국가에서 강제로 가입을 시키는 제도예요. 따라서 나중에 일을 하고 돈을 벌면 반드시 연금도 내야 합니다. 국가에서 강제로 가입을 하지 않는다면 지금 저축을 하지 않는 사람들은 나중에 일을 할 수 없을 때 정말 큰일이 날 수 있기 때문이에요. 이렇게 미리미리 저축을 해둔 연금을 나중에 나이가 많아져서 일할 수 없는 시기가 되면 나라에서 조금씩 나눠서 주게 됩니다. 비록 많은 돈은 아니지만 연금이 있으면 돈을 벌지 않아도 어느 정도는 생활할 수 있어요. 이렇게 나라에서 국민들이 안정적인 생활을 할 수 있도록 제도로 보장해 주고 있어요.

✿ 연금 제도는 언제부터 있었을까?

나라에서 국민들의 생활을 보장해주기 위해 운영하는 연금은 공적 연금이라고 부른다. 우리나라는 1960년대 나라에서 일을 하는 공무원들을 대상으로 처음 연금 제도를 시작했다. 그후에는 사립 학교에서 일을 하는 사람들을 위한 사학 연금이 시작되었고, 1980년대에 와서 일반 직장에서 일을 하는 사람들은 위한 국민 연금이 시작되었다. 처음에는 적용하는 사람의 범위가 작았으나, 점점 확대해서 지금은 일을 하는 거의 모든 사람이 가입해야 한다.

현직 초등 교사 직접 집필!

교과연계와
어린이 눈높이 연결 **초성 퀴즈**로
여러 상식을 놀이처럼 익히자!

글 이동은, 이상진, 유준상, 이다인, 김보미 | 그림 한규원(필움), 신정아 | 184쪽 | 각 권 13,500원 ~ 14,500원

귀여운 캐릭터가 재미있게 이야기를 이끄는
초등쌤이 알려주는 비밀 시리즈!